JN326671

「底力」シリーズ ⑦

関係副詞？
現在完了進行形？
補語？

英文法用語の底力
そこぢから

田上 芳彦／著

プレイス

はしがき

　世界史を勉強するとき「用語集」を最初の頁から順番に読もうという人はいないでしょうし、そもそも用語集自体が、そういう読み方を想定して書かれてはいません。しかし本書『英文法用語の底力』は、ぜひ**「始めから終わりまで読み通してほしい用語集」**です。単なる用語の羅列にならないよう、それぞれの用語を関連づけて、スペースが許す限り例文を入れ、その用語に関連する英文法事項にも触れた**「英語上達に役立つ用語集」**になっています。本書で文法用語を理解し直した上で、あらためて文法学習に取り組めば、英語への理解をさらに深めることができるでしょう。

　本書は専門書ではありませんから、皆さんがめったに出会うことのない専門用語や例外的な事項はなるべく控え、**「参考書によって定義が違うために読者に混乱を招きそうな用語」**や**「一見簡単そうで誤解されていることが多い用語」**に特に焦点をあて、ふつうの文法書に負けないくらい詳しく解説しました。そして、独学で英語を学んでいる方々（社会人、大学生）はもちろんのこと、TOEIC®、TOEFL®や英検に向けて勉強している方々や、大学受験生が読んでも役立つよう、わかりやすい言い回しを使って説明しました。また、意外と解説されている本の少ない発音関係の用語も詳しく解説しています。

　本書を通して私が強く訴えたいことがあります。それは、

　　　　　「英文法用語を漢字のままに理解してはいけない」

ということです。「補語」は「補う語」ではありませんし、「仮定法」は「仮定する方法」ではありません。「文型」が「文の型」だと思ったら大間違いです。それらは本書の中で一つ一つ説明していきます

が、この「漢字のまま理解しない」ということを常に念頭に置いて読み進めていただきたいと思います。

　予備校で受験生に英語を教え始めて20年以上が過ぎましたが、私も教壇に立ち始めた頃は、文法用語をなるべく使わないで授業をしてみようと、必死でいろいろと説明を考えました。しかし、英文法用語というのは「英文法」の授業の中だけで使うものではありません。英文読解の授業はもちろん、英作文の授業でも英文法のルールを示す必要は出てきます。試行錯誤の結果、やはり必要最低限の文法用語は最初にしっかり定義を示した上で教えた方が、時間の限られている受験生にとっては学習効率がいいと思うようになりました。そして、文法用語の説明や定義をあれこれ考えながら、自分自身があいまいだった用語の使い方や、学生から質問されて返答に困った経験なども念頭において1冊にまとめたのがこの本です。

　この本には、学習者のレベルを問わず「英語の本格的学習への橋渡し」になって欲しいという願いが込められています。文法書に書いてある説明がわからずに立ち止まっている皆さんが、本書をかたわらにおいて、どんどん文法書を読み進められるようになっていただければ(あるいは英文法が好きになっていただければ)、本書はその役割を果たしたことになります。

2015年2月

田上　芳彦

目　次

はしがき　002
本書の使い方　010

第1章　品詞と文型 ... 011
1-1　品詞とその役割 ... 012
［1］　まずは「品詞」から ... 012
［2］　1つの単語に品詞は1つ？ ... 013
［3］　品詞のあいまいさ ... 014
［4］　「働き」とは ... 015
1-2　主語と動詞 ... 018
［1］　「主語」って話の主人公？ ... 018
［2］　主語と動詞 ... 018
［3］　無生物主語 ... 020
1-3　文型 ... 022
［1］　「文型」は「文の型」ではない ... 022
［2］　「補語」≠「補う語」 ... 024
［3］　修飾する ... 026
［4］　「目的語」の見分け方 ... 027
［5］　自動詞と他動詞 ... 030
［6］　間接目的語と直接目的語 ... 034
［7］　同族目的語 ... 034
［8］　文の主要素と修飾要素 ... 035
［9］　動詞と文型の整理 ... 036
1-4　受け身 ... 038
［1］　能動態と受動態 ... 038
［2］　受動態の文に文型はあるか？ ... 041

第2章　名詞、形容詞、副詞に関する語 ... 045
2-1　名詞 ... 046
［1］　可算名詞と不可算名詞 ... 046
［2］　単数と複数 ... 047
［3］　意味による名詞の分類 ... 048

[4]	同格	050
[5]	名詞化	053
[6]	人称	056

2-2 形容詞 ...058
- [1] 限定用法と叙述用法 ... 058
- [2] 冠詞 ... 059
- [3] 限定詞 ... 060
- [4] 数詞 ... 061

2-3 比較に関する用語 ...063
- [1] 比較の基本 ... 063
- [2] 絶対比較級と絶対最上級 ... 064
- [3] ラテン比較級 ... 065
- [4] クジラの公式 ... 065

2-4 副詞 ...067
- [1] 副詞の定義 ... 067
- [2] 文修飾副詞 ... 069
- [3] 副詞的目的格 ... 070

2-5 代名詞 ...071
- [1] 代名詞 ... 071
- [2] 代名詞の種類 ... 071
- [3] 人称代名詞の格 ... 072
- [4] 名詞にも「格」はある ... 073
- [5] 不定代名詞 ... 075
- [6] 再帰代名詞 ... 075
- [7] 形式主語と形式目的語 ... 077

第3章 動詞・助動詞とそれらに関する語 ... 081

3-1 動詞と助動詞 ...082
- [1] 動詞の定義 ... 082
- [2] 動詞の活用形 ... 083
- [3] 三単現の s ... 084
- [4] 一般動詞と be 動詞 ... 085
- [5] 動作動詞と状態動詞 ... 085
- [6] 代動詞 ... 086
- [7] 使役動詞 ... 087

- [8] 知覚動詞 ... 089
- [9] 句動詞 ... 089
- [10] 助動詞 ... 091

3-2 準動詞 ... 094
- [1] 準動詞 ... 094
- [2] -ing 形の識別 ... 095
- [3] 不定詞 ... 097
- [4] 不定詞の○○用法 ... 098
- [5] 動名詞か不定詞か ... 100
- [6] 代不定詞 ... 101
- [7] 分離 [分割] 不定詞 ... 102
- [8] 独立不定詞 ... 103
- [9] be to 不定詞 ... 104
- [10] 意味上の主語 ... 105
- [11] 分詞形容詞 ... 107
- [12] 分詞構文 ... 108
- [13] 付帯状況 ... 110
- [14] 主語と述語の関係 ... 112

第4章　句・節・文 ... 113

4-1 前置詞と句 ... 114
- [1] 前置詞の目的語 ... 114
- [2] 二重前置詞 ... 115
- [3] 句と節 ... 116
- [4] 形容詞句と副詞句 ... 117
- [5] 前置詞句、ほか ... 119

4-2 接続詞と節 ... 120
- [1] 等位接続詞 ... 120
- [2] 従属接続詞 ... 121
- [3] 主節と従属節 ... 123
- [4] 重文と複文 ... 126
- [5] 節の分類方法 ... 127
- [6] 節の種類のまとめ ... 129

4-3 文の種類 ... 130
- [1] 肯定文と否定文 ... 130

	[2]	平叙文 130
	[3]	疑問文の種類 132
	[4]	命令文 134
	[5]	感嘆文 134
4-4	**疑問詞** **136**
	[1]	疑問詞の種類 136
	[2]	間接疑問文 138

第5章　時制と法 **141**

5-1	**「時」と「時制」** **142**
	[1]	英語に時制はいくつあるか？ 142
	[2]	「現在」を表さない「現在時制」？ 143
	[3]	単純未来と意志未来 144
	[4]	時制の一致 145
	[5]	時や条件を表す副詞節 147
5-2	**完了形** **153**
	[1]	「完了」という用語のあいまいさ 153
	[2]	過去完了と未来完了 155
	[3]	準動詞の完了形 156
5-3	**仮定法の周辺** **159**
	[1]	「法」とは 159
	[2]	「仮定法」とは 160
	[3]	どちらの動詞が仮定法？ 160
	[4]	仮定法の種類 162
	[5]	仮定法未来と仮定法現在 164

第6章　関係詞の周辺 **167**

6-1	**関係詞の基礎** **168**
	[1]	先行詞と形容詞節 168
	[2]	関係詞の種類 170
	[3]	関係詞の格と省略 171
	[4]	先行詞を含んだ関係副詞 172
	[5]	制限用法と非制限用法 173

6-2　さまざまな関係詞の用法 **175**
   ［1］　関係詞連鎖 175
   ［2］　二重限定 176
   ［3］　関係形容詞 177
   ［4］　擬似関係代名詞 179
   ［5］　複合関係詞 181

第7章　「脇役」の文法事項 **183**

7-1　否定・倒置 **184**
   ［1］　部分否定 184
   ［2］　二重否定 185
   ［3］　語否定と文否定 185
   ［4］　準否定語 187
   ［5］　倒置とその種類 187

7-2　話法 **190**
   ［1］　直接話法と間接話法 190
   ［2］　描出話法 191

7-3　その他 **192**
   ［1］　強調構文 192
   ［2］　譲歩 192
   ［3］　省略 194
   ［4］　一致、呼応 196
   ［5］　ディスコースマーカー 198
   ［6］　単語関連の用語 199
   ［7］　コロケーション 202
   ［8］　内容語と機能語 203
   ［9］　イディオム 204

第8章　発音と文字・記号 **205**

8-1　発音関係 **206**
   ［1］　発音記号 206
   ［2］　母音、子音、半母音 210
   ［3］　有声音と無声音 211
   ［4］　黙字 212
   ［5］　音節 213

[6]	アクセント	213
[7]	弱形と強形	215
[8]	イントネーション	215
[9]	リエゾン	216
[10]	発音の法則	217

8-2 文字と記号 ... 219
| [1] | 記号の名称 | 219 |
| [2] | 書体・フォントの名称 | 222 |

索引 223

参考文献 227

コラム 017, 033, 044, 080

本書の使い方

　はしがきにも書いたとおり、本書は「始めから終わりまで読み通せる用語集」をめざしました。英語が苦手な方はぜひ本書の最初から読んでみてください。もちろん、英語の学習をしていて意味がわからない文法用語に出会ったとき、目次や巻末のさくいんを利用して、その用語の説明の部分から読むという方法でもかまいません。英語が得意な方は目次から自分の興味を引く項目を優先的に読んでいっていただいても新たな発見があることと思います。本文中には、相互の参照項目を「(☞ p.XX)」のように示してありますので、それも積極的に活用してください。

　本書を読み進めると、「…と呼ぶ人もいる」とか「…ということもある」といった書き方をしている部分が何か所もあります。執筆にあたり、できる限りいろいろな文献にあたって調べたのですが、本当に書物によって用語の定義が違うことには正直戸惑いました。そこで、断定的な言い方を避けて上のような書き方をせざるをえなかったという事情を理解していただければと思います。

　なお、例文中での括弧の使い分けは次のとおりです。

- A（B）　➡　Bは省略可能
  【例】This is the book (which) I bought yesterday.

  この場合、which はあってもなくてもよいことを示します。

- A［B］　➡　AはBと置き換え可能
  【例】This is the book that [which] will be useful for beginners.

  この場合、that の代わりに which も使えることを示します。

第1章

品詞と文型

辞書を引いたとき、単語の意味を見ない人はいませんが、その前に書いてある「品詞」という重要な情報を適当に読み流している人は多いと思います。英語の単語を「これは名詞」「これは形容詞」...なんて1つ1つ品詞分解するのは時代遅れだと思う人もいるかもしれませんが、結局、そういうところをおろそかにしていると、後で「文型」の識別ができなかったり、「副詞節って何？」なんていう疑問が生じる原因になります。

品詞や文型の理解は文法の学習の基本でもあると同時にさまざまな文法事項の理解に避けては通れない点です。面倒くさがらずに、まずはここからスタートです。

1-1 品詞とその役割

1 まずは「品詞 (ひんし)」から

英語の文は単語がいくつか集まってできています。その一つ一つの単語を、その文の中での使われ方や意味を元に似た性質のものをまとめていくと、いくつかのグループに分けることができます。たとえば、book や house は「物の名前」を表すグループ、walk (歩く) や eat (食べる) は「動き」を表すグループ、のようにです。この**「似たような使い方をする単語のグループ」のことを「品詞」といいます**。品詞の例をあげてみましょう。

【品詞の例】
- 名詞：book, water, education (教育), Tom, Sunday, Japan
- 形容詞：kind (親切), beautiful (美しい)
- 動詞：eat (食べる), is (〜である), sleep (眠る)

ところで、品詞って全部でいくつあるのでしょう？ 実は品詞の数は言語によっても違いますし (たとえば、日本語と英語では品詞の数が違います)、英語でも分類のしかたによってその数が違います。ただ現在、日本で最もよく使われている分類方法では**「英語には8つの品詞がある」**ことになっています。

【英語の8品詞】
　名詞、代名詞、形容詞、副詞、動詞、前置詞、接続詞、間投詞

皆さんがふつうの (専門書ではない) 英語の学習書を読むのであれば、ひとまずこれを覚えておけば十分でしょう。これらの各品詞の定義は、これから本書の中で少しずつ説明していきます。

さて、上の品詞の一覧を見て、「あれ？ 『冠詞』とか『助動詞』が

ないぞ」とか「『関係代名詞』とか『不定詞』って品詞じゃないんですか？」と疑問に思った人はいませんか？

「冠詞」はそれだけで独立した品詞だと考えることもできますが、上の「8品詞」の考え方では、「冠詞」は「名詞」を説明する言葉ですから「形容詞」の仲間に入れて考えることになっています。同様にcanとかmayといった「助動詞」も「動詞」の一種として分類します。

それから、英語の勉強をしていると「関係代名詞」や「不定詞」のように、「ナントカ詞」と「詞」という漢字で終わる用語がたくさん出てきます。これらは単語を「文の中での使い方」や「形」によって分類したもので、品詞名ではありません。

【「～詞」で終わっても品詞ではない例】
疑問詞、関係詞、不定詞、動名詞、分詞、数詞、…など

たとえば、上の例にある「関係詞」は品詞名ではありません。p.170で詳しく述べますが、関係詞には「関係代名詞、関係副詞、関係形容詞」があって、「関係○○詞」の「○○詞」の部分がそのまま品詞を表しています。つまり「関係代名詞」の品詞は「代名詞」で、「関係副詞」の品詞は「副詞」です。もちろん、これらを別々に学ぶのは効率も悪いので、「関係詞」とひとくくりにして学習した方がいいことは確かです。一方で「関係代名詞と関係副詞の違いとは、まさに代名詞と副詞の違い」なのです。それぞれの品詞をしっかり意識しないと、この2つの違いがわかりません。

2　1つの単語に品詞は1つ？

以下の文でpresentという単語の意味と品詞を答えてください。

(a) What do you want for a birthday present?
(b) Please write your present address.
(c) Let me present our special guest.

それぞれの正解は、(a) の present は「プレゼント」の意味の名詞で、全体は「誕生日プレゼントに何が欲しい?」の意味。

(b) の present は「現在の」の意味の形容詞で、全体は「あなたの現住所を書いてください」の意味。

(c) の present は「紹介する」の意味の動詞で、全体は「スペシャルゲストを紹介します」の意味。(ちなみにこの場合は、(a)(b) と違ってアクセントが後ろにあり、/prizént/ となります☞ p.213)

このように同じ present という単語でも、いろいろな品詞としての使用法があります。この例からもわかるとおり、**単語の品詞は文の中で使ってみて初めて決まるのです。そして、ほとんどの単語は複数の品詞で使えますし**、品詞の数も、時代とともに増えたり(あるいは減ったり)します。たとえば、「携帯メール」は英語では mail とはいわず、ふつうは text message、あるいは単に text といいますが、今ではこの text が I *texted* him a joke.(私は携帯で彼にジョークを送った)のように動詞として使われ始めています。従来からあった単語に新しい名詞の意味が加わり、それが動詞としても使われるようになった例です。

3 品詞のあいまいさ

品詞の分類が、辞書によって違う場合があります。たとえば、a bus stop(バス停)の bus の品詞は何でしょう? stop(停留所)という名詞を修飾しているから bus は「バスの」という意味の形容詞、という考え方もある一方で、bus はあくまで名詞で、直後の名詞 stop を形容詞的に修飾している、という考え方も可能です。同様の例は、an *entrance* examination(入学試験)とか a *TV* station(テレビ局)など無数にあります。このように元々〈名詞+名詞〉からできている表現の1つ目の語を「名詞」と解釈するのか、「形容詞」と解釈するのかは意見の分かれるところです。

では、次の文の there の品詞は何でしょう?

Look at those people *there*.
(そこにいるあの人たちを見てごらん)

これも、there は意味的には people（人々）を修飾しているから形容詞だと考える人もいれば、あくまで副詞で、それが「形容詞的に名詞を修飾している」という考え方もあります。

This diamond is *worth* one million dollars.
(このダイヤは100万ドルの価値がある)

という文の worth も「価値がある」という意味だけから考えると形容詞っぽいですが、この語は上の例文のように、後ろに名詞（目的語）が置けるのです。そこで、「そういう使い方ができるなら前置詞に分類しよう」と考える辞書が多いのです。ただ、意味を考えると、ふつうの前置詞とは異質な気がします。しかも、more worth than gold（金よりも価値がある）のように more を前に置いて比較級（☞ p.063）を作ることもできます。だから、「『目的語』を置ける特殊な形容詞」と書いてある辞書もあります。

このように、専門家の間でも見解が分かれているものは、柔軟に自分の理解しやすいようにとらえておけばいいでしょう。

4 「働き」とは

「品詞」とは別に、**語句を文の中で使ったとき、その語句がその文の中でどんな役割をしているのかを示す「働き」**という用語があります。「文の中での単語の使い道」と考えてもいいでしょう。では実際の例文で見てみましょう。

Paul often plays tennis after school.
(ポールは放課後よくテニスをする)

この文の各単語の品詞は次のようになっています。

第1章　品詞と文型

Paul	often	plays	tennis	after	school
名詞	副詞	動詞	名詞	前置詞	名詞

　この中に「名詞」が3回出てきますが、それぞれ文の中での役割が違います。それを示すのが「働き」という言葉です。今度は、上の図にその「働き」を添えてみましょう。

	Paul	often	plays	tennis	after	school
品詞	名詞	副詞	動詞	名詞	前置詞	名詞
働き	主語	plays を修飾		動詞の目的語		前置詞の目的語

　これを見てわかるとおり、同じ「名詞」でも、「主語」として使われたり「目的語」として使われたりしています。そうすると、「じゃあ、その『働き』はどうしたらわかるの？」という疑問がわきます。**「働き」は単語の品詞と密接な関係があって、「名詞」はコレコレとしての働きをする、「形容詞」の働きは…、と決まっています。**次の表を見てください。

- **名詞：** 　主語、動詞の目的語、補語、前置詞の目的語、同格
- **形容詞：** 名詞を修飾する、補語になる
- **副詞：** 　名詞以外を修飾する
　　　　（※「修飾する」という用語についてはp.026で詳しく扱います）

　また、「働き」という言葉は単語1語の場合だけでなく、複数の語句が集まったカタマリに対しても使うことができます。たとえば、上にあげた例の after school という〈前置詞＋名詞〉は、

　　「after school 全体が副詞になって plays を修飾している」

と考えることも可能です。（このあたりの細かい分類は後で説明します）

016

●コラム　意地悪な（？）入試問題

【問】　次の英文には何人の医者が登場しますか？

　When a doctor doctors another doctor, does he doctor the doctored doctor the way the doctored doctor wants to be doctored, or does he doctor the doctored doctor the way the doctoring doctor wants to doctor the doctor?

　(1) 1人　(2) 2人　(2) 3人　(4) 4人　(5) 5人

わかりましたか？　これは2001年の防衛医科大学の入試問題です。出だしからいきなり When a doctor doctors another doctor なんて書いてあるともう混乱してしまいますね。doctor は名詞では「医者」ですが、動詞で「治療する」という意味もあるのです。この英文は、

「ある医者が他の医者を治療するとき、その医者はその治療を受ける医者を、その治療を受ける医者が治療して欲しいように治療するのだろうか、それともその医者はその治療を受ける医者を、その治療を行なっている医者がその医者を治療したいように治療するのだろうか」

という意味です。要するに、「治療する医者」と「治療される医者」しか登場しませんので、答えは「(2) 2人」です。

　ちなみに、doctor という単語は動詞で「〈文書・数字など〉を改ざんする」なんていう意味もあって、doctor documents（書類を改ざんする）のように使います。簡単な単語でも、意外な意味があることがあるので、「変だ」と思ったら英和辞典で調べる癖をつけましょう。

1-2 主語と動詞

1 「主語」って話の主人公？

「**主語**」って何でしょう。「主」という漢字から「<u>主</u>人公となる<u>語</u>」とか、「話の<u>主</u>題を示す<u>語</u>」と考えた人、次の英文を見てください。

It will rain tomorrow. (明日は雨です)

この文の主語は It です。この It は俗に「**天候の it**」(☞ p.078) と呼ばれ、意味のない It で日本語には訳しません。では、この It はこの文の主人公でしょうか？ あるいは話の主題を示しているでしょうか？ 答えは No ですね。「主語」という概念は、あくまで文の構成上つけられた呼び名であって、意味が「話の主人公」だから「主語」と呼ぶわけではありません。実は、この「主語」という言葉は、次の「動詞」と同時に扱って説明した方が都合がいいので、まとめてお話しすることにしましょう。

2 主語と動詞

英文法で用いられる「主語と動詞」という概念での「動詞」は、実は「**述語動詞**」という言葉を省略したもので、「名詞、形容詞、動詞…」という品詞の1つである「動詞」とは別物です。ところが (おそらくほとんどの) 英語の教師は、品詞としての「動詞」も、文の構造を示す「主語と動詞」というときの「動詞」も、どちらも「動詞」と呼んでいます。学習者が混乱するのも無理はありません。

そこでまず、このあたりの用語を整理しましょう。

英文は一般的に「主部」と「述部」に分けることができます。

主部	述部
(1) A strange **thing**	**happened** to me yesterday.
(2) **One** of my students	suddenly **got** sick during the class.

(1) は「不思議な出来事が昨日私の身に起こった」
(2) は「私の生徒の1人が授業中突然具合が悪くなった」

という意味です。この「主部」と「述部」には、意味や形の上で「核」となる語があります。「主部」の核となる語が「(文の)主語」で、しばしばSという記号で書かれます。「述部」の核となる語が「述語動詞」で、これが上でも述べたように、しばしば単に「動詞」と呼ばれ、Vという記号で表されます。(以下、文型に関して「動詞」といえば、それは述語動詞を指すことにします)

では、その核となる語はどうやって探したらいいのでしょう。文の意味を考慮に入れ始めるといろいろとやっかいな問題が起きますので、ここではあくまで形の上での特徴(原則)を述べておきます。

- **主語**: 主部に最初に登場する、前に前置詞の付かない名詞相当語句
- **述語動詞**: 述部に登場する、動詞・助動詞の現在形か過去形

この原則に従うと、上の (1) では、主語は thing、動詞は happened、(2) では主語は名詞 One、動詞は got ということになります。なお、「名詞相当語句」というのは**全体が名詞と同じ働きをするカタマリ(単語の集まり)**」のことで、「名詞」に加え、「代名詞、動名詞、名詞用法の to 不定詞、名詞節」、および「本来は名詞ではないが臨時に名詞の役割をしている語句」などをまとめて呼ぶいい方です。(☞ p.129)

「主語・動詞」を考える場合、主語や動詞を単語1語に限るのか、あるいは、ある程度意味を考慮して複数の語句とするのか、という

問題があります。もし1語に限らないのなら、上の (1) の主語は A strange thing の3語全体、(2) も One of my students の4語まとめて全体が主語、という考え方も成り立ちます。

同様に、He must have been killed. (彼は殺されたに違いない) という文の (述語) 動詞は、must だけ、あるいは must have been killed 全体と、どちらのとらえ方もあります。また、Being able to speak Chinese is a clear advantage. (中国語を話すことができることは明らかな強みである) のような動名詞で始まる文で、Being だけが主語だと考えることもできますし、いやいや意味を考えたら Being able to speak Chinese を途中で切り離すのは不自然だから Being から Chinese まで全体を主語と考えた方がいいだろう、という主張も成り立ちます。

なお、上では主語・動詞の原則論をお話しするために、単純な形をした例文で説明しましたが、複雑な形をした英文になれば、当然、いろいろと例外も出てきますので注意してください。

3 無生物主語

「**無生物主語構文**」(物が主語ですから「**物主構文**」ともいいます)という用語は、単に主語が無生物の文という意味ではありません。次の例を見てください。

(a) The snow was so beautiful.
(b) The snow prevented me from going out.

(a) は「その雪はとても美しかった」、(b) は「その雪のために私は外出できなかった」という意味です。どちらも同じ The snow (雪) という無生物が主語ですが、(a) の文を「無生物主語」とは通常いいません。それに対して、(b) は直訳すると「その雪は私が外出するのを妨げた」となりますが、これは日本語として明らかに不自然なので、ふつうは上にあげたように主語を「～のために」など

と訳して述語部分はそれに合わせます。このように「**主語が無生物で、かつ日本語に直訳すると不自然になる文**」のことを**無生物主語**の構文だと考えておけばいいでしょう。

さて、よく「**無生物主語の文は副詞的に訳す**」といわれますが、この「副詞的に」というのが具体的にどういうことかわかりますか？　以下の例を見てください。

The heavy rain prevented us from going out.
（激しい雨は私たちが外出するのを妨げた）
➡「激しい雨**のため**私たちは外出できなかった」
This medicine will make you sleepy.
（この薬はあなたを眠くするだろう）
➡「この薬を**飲むと**あなたは眠くなるだろう」
The statistics show that men are more likely to commit suicide than women.
（統計が、男性は女性より自殺する可能性が高いことを示している）
➡「統計**によると**、男性は女性より自殺しやすいらしい」
The mere sight of blood makes her faint.
（単に血を見ることが彼女の気を失わせる）
➡「彼女は血を**見ただけで**気を失ってしまう」

いかがでしょうか。どの文も最初にあげた直訳だと日本語として（意味はわかりますが）不自然なので、**主語の部分を日本語に訳す際に、理由や条件を表す副詞句や副詞節のようなつもりで訳すと、**➡の先に書いたような、より自然な日本語になります。このような訳し方のことを「**副詞的に訳す**」と呼んでいるわけです。

第1章 品詞と文型

1-3 文型

1 「文型」は「文の型」ではない

よく文法書の最初に「英語には5つの文型がある」(実はこの「五文型」という考え方にはいろいろな批判もあるのですが、日本では依然として「五文型」が優勢ですので、本書もそれに従うことにします)と書いてありますが、これはどういう意味でしょう。これを「あらゆる英語の文は5つのパターンに分類できる」という意味だと誤解している人が多いのですが、「5つの文型」というのは「文の型」ではなくて「動詞の種類」のことです。つまり、

> 「英語には5つの文型がある」
> ‖
> 英語の動詞 (V) は、文中で使ったときに、その後ろにO (目的語) やC (補語) がいくつ、どう並ぶのかによって5種類に分類できる

ということです。そして、その「OやCがいくつ、どう並ぶのか」を具体的に書くと、次のようになります。

Vの後にOもCもない　　➡　Vは第1文型で使う動詞
Vの後にCが1つ　　　　➡　Vは第2文型で使う動詞
Vの後にOが1つ　　　　➡　Vは第3文型で使う動詞
Vの後にOが2つ　　　　➡　Vは第4文型で使う動詞
Vの後にO、その次にC　➡　Vは第5文型で使う動詞

それでは、「**文型とは動詞の種類を区別するための用語である**」ということを具体的に説明しましょう。次の例を見てください。

I helped my mom cook dinner.
(私は母が夕食を作るのを手伝った)

この文を I (S) helped (V) my mom (O) cook (C) ...と分析できたとして、さて「その後ろにある dinner という名詞は無視していいのかな？」と思った人はいませんか？　そこで、動詞を「親」、「補語」や「目的語」をその子供に置き換えてみましょう。**文型というのは、「親（＝動詞）」に子供（＝補語や目的語）が何人いるのかを数えて決めるのです。**その子供にさらに子供（つまり「親」から見たら「孫」）がいても、それは親の子供には数えません。

上にあげた文には、まず主語の I に helped という述語動詞があり、これが「親」です。そしてこの「親」は、my mom (O) と、cook (C) という子供を2人連れています。そして、その2人の子供のうち、2人目の cook (C) という子供は、dinner (⓪) という自分の子供（helped から見たら孫）を連れています。

これを整理して図解すると、次のようになります。

　　　　　　　　　　　　　ⓥ　　ⓞ
helped　my mom　**cook**　dinner
　V　　　　O　　　　C

ここで「えっ、なんで cook が C（補語）であると同時に ⓥ（動詞）になってるの？」と思った人もいるでしょう。これは、cook という動詞が不定詞として2つの働きを持っていて（準動詞☞ p.094）、前にある動詞 helped に対しては「私はあなたの子供です」という補語の顔をしていると同時に、後ろにある dinner に対しては「私はあなたの親です」という動詞の顔をしているのです。

したがって、文全体の文型は「SVOC の第5文型」ですが、文の中で cook という動詞だけに注目すれば、後ろに O が1つですから第3文型の用法だと考えます。

第1章 品詞と文型

2 「補語」≠「補う語」

「**補語**」を「**補う語**」だと思ったら大間違いです。たとえば、以下の説明は文法書などの補語の項目で見かけるものですが、そのおかしな点に気づきますか？

He is a boy. という文は *He is* だけでは文が不完全で何か補う語が必要です。*a boy* はそれを補う役目をしているので「補語」と呼ばれます。

いかにももっともらしい説明ですが、だとしたら次のような (嘘の) 説明も成り立ってしまうはずです。

I love you. という文は *I love* だけでは文が不完全で何か補う語が必要です。*you* はそれを補う役目をしているので「補語」と呼ばれます。(【注】you は実際には love の「目的語」)

そうです！ 「不完全な部分を補う語が補語」だとしたら、**文の主要素** (主語や目的語など☞ p.035) は全部「補語」ということになってしまいます。(※ ちなみに、フランス語や中国語の文法では「補語」という語が英語とはまた違った意味で使われることがあります)

ですから、まず「補語＝補う語」という考えをいったん捨て、その上で、補語という用語を仮に以下のように定義してみます。

「補語」とは、
動詞の助けを借りて、主語 (S) を説明する名詞や形容詞のこと

この「動詞の助けを借りて」という部分を説明しておきましょう。次の2つの文を比べてみてください。

(a) These are **interesting** *books*. (これらは面白い本だ)
(b) These *books* are **interesting**. (これらの本は面白い)

この文の interesting という形容詞の役割を考えてみましょう。

024

(a) の文は books という単語がどのような本なのか (「つまらない本」「厚い本」「安い本」...) を interesting という単語が詳しく説明しています。この場合、interesting が books と並べて置かれていて、前にある These are ... の部分を取り去っても、単に interesting books だけで英語としてありうる表現です。

　ところが (b) の文は、interesting が真ん中にある動詞 are の助けを借りて books の説明をしています。ためしにこの文から動詞 are を取り去ると、These books interesting という完全に誤った形になります。

　(a) の例のように、**動詞の助けを借りずに他の単語を詳しく説明することを「修飾する」または「かかる」といいます。**（この文では形容詞の interesting が名詞の books を修飾しています）　それに対して、(b) の例のように、動詞の助けを借りて説明している場合、「interesting は are の補語になっている」というのです。そして、**英語の文型の中で、この「補語」があるのは、第2文型と第5文型**です。第2文型の補語は**「主格補語」**と呼ばれます。第5文型の補語は、説明するのが主語ではなく目的語なので**「目的補語」**（または**「目的格補語」**）と呼ばれます。以下の第5文型の文では happy が made という動詞の助けを借りて、直前にある目的語 me の状態を説明しています。（☞名詞の「格」については pp.072-074を参照）

(c) The song made me happy.
　　　S　　　V　　O　　C

　　（その歌は私を幸せにした ➡ その歌を聴いて私は幸せな気持になった）

さて、次の文の tired という単語の働きを比べてみてください。

(d) He was *tired*.　　　　（彼は疲れていた）
(e) He came home *tired*.　（彼は疲れて帰宅した）

　(d) の tired は、主語の He を説明する was の補語で、全体は He (S) was (V) tired (C) という第2文型ですが、(e) は第何文型

でしょう？ tiredが主語のHeを説明していることは同じです。ところが、(d) のtiredはないと文が不完全になってしまいますが、(e) ではtiredがなくても、He came home. だけで文が成り立ちます。つまり (e) のtiredは (d) のtiredほど重要ではないことになります。このような場合、専門家は (e) のtiredを「純然たる補語よりワンランク下の補語」という扱いにして「**準 (主格) 補語**」とか「**擬似補語**」と呼んで区別しています。こうした補語は文型を考えるときは考慮に入れないので、(e) のtiredはCとはみなしません。よって (e) は第1文型 (SV) の文ということになります。

3 修飾する

さて、先ほど「**修飾する**」という用語が出てきましたが、英文法では、この用語は「**かかる**」という言葉と同じ意味で使われます。英語では、修飾する語とされる語の関係は原則以下の2つです。

- 「名詞」を修飾するのは「形容詞」
- 「名詞以外」を修飾するのは「副詞」

「名詞以外」というのは、具体的には「形容詞、副詞、動詞、文 (文全体または文の一部)」ということです。例を見ておきましょう。

Obviously he ran very fast. (明らかに彼は非常に速く走った)
 ① fast (速く) はran (走った) という動詞を修飾する「副詞」
 ② very (非常に) はfast (速く) という副詞を修飾する「副詞」
 ③ Obviously (明らかに) は文全体を修飾する「副詞」

ということになります。なお、最後の③の「文全体を修飾」に関しては、「文修飾副詞」の項 (☞ p.069) を参考にしてください。

この「修飾する」とか「かかる」という言葉をいい加減に使う学生が多くて、たとえば I think that you are right. という文で「that節はthinkにかかっている」なんて平気でいうのです。(このthat節は

「thinkという動詞の目的語になっている名詞節」です。名詞節はどこにもかかりません）

ところがあるとき、学生の「かかる」という言葉の使い方がいい加減な理由の1つがわかりました。それは、国語の「古文」の文法で、この「かかる」という用語を「修飾する」という意味以外に、「この部分は文末の述語にかかる」のように「文法的につながっている」のような意味で使うことが原因だったのです。（そういえば古文には「かかり結び」なんてのがありましたっけ…）　なるほど、同時に学習している英文法と古典文法で「かかる」という同じ用語の使い方が違うわけですから、学生が混乱するのも無理はありません。ひとえに学生のことを責められないことがわかりました。

4 「目的語」の見分け方

この「目的語」という用語は、第3文型、第4文型、第5文型に登場しますが、ここでは話を簡単にするために、第4文型と第5文型は除いて説明します。まず最初に次のことを頭に入れてください。

「目的語になれる品詞は、原則として名詞と代名詞だけ」

これがどういうことか具体的に説明しましょう。たいていの英文は先頭に〈主語＋動詞〉があり、後ろに何らかの語句が続きます。

(a) ＋名詞：　　He turned *Buddhist*.「彼は仏教徒になった」
(b) ＋名詞：　　He turned *the key*.「彼は鍵を回した」
(c) ＋形容詞：He turned *professional*.「彼はプロになった」
(d) ＋副詞：　　He turned *around*.「彼は振り返った」
(e) ＋前置詞＋名詞：
　　　　　　　He turned *around the corner*.「彼は角を曲がった」

まず、動詞の後に名詞が続く (a) と (b) を比べましょう。**名詞が続く場合、それが目的語かどうかは、主語とイコール関係が成り**

立つかどうか判別の決め手です。(a)のように He = Buddhist というイコール関係が成り立つなら、この Buddhist という名詞は**補語**だと考えます。補語は動詞の助けを借りて主語を説明している語句のことでしたね。ここでも Buddhist という名詞が動詞 turn (ここでは「〈宗教・職業などが〉〜に転向する」の意味) の助けを借りて、主語の He がどんな人間かを説明しています。したがって、この (a) は He (S) turned (V) Buddhist (C). という第2文型の文です。(なお Buddhist に冠詞 a がついていませんが、turn がこの用法のとき、補語となる名詞は無冠詞が原則です)

一方、(b) も動詞 turned の後に名詞 the key がありますが、「彼」という人間と「鍵」がイコールであることは SF の世界以外ではありえません。このように**動詞の後にある名詞が主語とイコール関係にない場合、その名詞はその動詞の目的語である**といいます。この (b) は He (S) turned (V) the key (O). という第3文型の文です。

(c) はどうでしょう。動詞の後の professional は「プロの」という形容詞です。形容詞を英文の中で使うときは、

① 名詞を修飾する
② 補語になる

のどちらかです。(形容詞は目的語になれません) この professional は turned という動詞の助けを借りて主語の He を説明していますから、②の補語の用法で、この (c) は He (S) turned (V) professional (C). という第2文型の文です。

(d) の動詞の後の around は副詞です。**文型を考えるとき「副詞はないものとして扱う」**のが原則です。したがって、(d) は He (S) turned (V) という第1文型だとみなします。

(e) のような〈前置詞＋名詞〉は形容詞か副詞の働きをします。(つまり形容詞句か副詞句になる☞p.117) ただし〈前置詞＋名詞〉が動詞の後で形容詞句になるのは、主に He is *in good health.* (彼は健康だ) のような慣用表現の場合です。この around the corner は

副詞句だと考えますので、これも第1文型です。

この〈前置詞＋名詞〉は、文の意味まで含めて考えるといろいろとやっかいです。たとえば、

(f) The car ran over the cat. (その車がその猫をひいた)

という文で、ran は自動詞で (e) と同じ第1文型です。ところが、この ran over を1つのまとまった他動詞ととらえて、全体を

The car (S) ran over (V) the cat (O).

という第3文型に解釈してもいいのでは、と思う人もいるのではないでしょうか？ そうです、ここが文型の判断の難しいところで、

① あくまで品詞や形だけにこだわって、意味は無視して分析する
という方法と

② 形だけではなく文の意味もある程度考慮して分析する

という方法があるのです。そしてそれは結局、「そもそも何が目的で文型の分析をしているのか？」という議論に帰着しますので、①と②のどちらが正しいかという判断はできません。ちなみに、上の (f) の場合は、ran over を1つの動詞とみなした方が、この文の受動態である The cat *was run over* by the car. (その猫はその車にひかれた) という文を説明するときにいろいろと好都合なのです。run はこの場合、自動詞なので受け身の文は作れません (☞ p.041) が、run over の2語をセットで1つの他動詞 (＝句動詞 ☞ p.089) として扱えば、受け身の文が作れる理由が説明しやすいのです。

5 自動詞と他動詞

自動詞と他動詞を区別する上で、「自」とか「他」とかいう漢字をあてにして、「他動詞」は「行為の対象が他の物に及ぶ」...のように考えてはいけません。定義はいたってシンプルです。

- 「自動詞」：「目的語」がない動詞
- 「他動詞」：「目的語」がある動詞

ただ、こう書くと、あたかも一つ一つの動詞が「この動詞は自動詞、この動詞は他動詞」と、どちらか片方に分類できるように錯覚しがちですがそうではありません。**同じ動詞でも文の中で使ったとき「自動詞としての用法」と「他動詞としての用法」がある**、ということです。実際、**ほとんどの動詞には自動詞と他動詞の用法がある**ことは英和辞典をちょっと引いてみれば確認できることです。

(a) He tried to **steal** a bike. (彼は自転車を盗もうとした)
(b) It's wrong to **steal**. (盗みを働くのは悪いことだ)

同じ steal という動詞でも、(a) の steal は目的語 (a bike) があるので他動詞用法、(b) の steal は目的語がないので自動詞用法です。

なお、他動詞は日本語に訳すと「〜を...する」となることも多いですが、訳語で他動詞かどうかを判断してはいけません。目的語があっても「を」以外の助詞を使うことはいくらでもあります。

- 訳語に「を」以外の助詞を使う他動詞の例

ride a bike	自転車に乗る
answer the question	質問に答える
approach the station	駅に近づく
enter the room	部屋に入る
marry her	彼女と結婚する
resemble my father	父親に似ている

- 訳語に助詞「を」使う自動詞の例

graduate *from* college	大学**を**卒業する
knock *on* the door	ドア**を**ノックする
listen *to* music	音楽**を**聞く
search *for* a word	単語**を**検索する
travel *in* Africa	アフリカ**を**旅行する
wait *for* the bus	バス**を**待つ

ここにあげた例は、あくまでその動詞の用法の1つであって、「この動詞は必ず他動詞」のように決めつけてはいけません。たとえば、上にあげた動詞 enter は「物理的な場所に入る」という意味では他動詞用法で使うので、× enter *into* the room は不可だと習いますが、enter *into* discussions（討論に入る）のように「何かを始める」という意味では into を伴う自動詞用法で使います。また、動詞 knock も上にあげた例は on を伴う自動詞用法ですが、knock his head against the wall（頭を壁にぶつける）のような他動詞用法もあります。**動詞の語法は一つ一つ丹念に辞書を調べて確認する**という姿勢が必要です。

ところで、「目的語があるのが他動詞」という定義に、一見そぐわないように思える例に出会うことがあります。たとえば、

This problem is easy to **solve**.（この問題は解くのが簡単だ）

という文にある動詞 solve は直後に目的語がないのに他動詞として扱うことになっていて、それはこの文が S is *easy* to *do* という形（to *do* は to 不定詞を表す☞ p.093）をしていることに理由があります。（☞ p.080） また、I have a lot of emails to **answer**.（私には返事を書かなくてはいけないメールがたくさんある）という文末の動詞 answer にも他動詞なのに目的語がありません。これも不定詞の形容詞用法で目的語を書かない約束になっているからです。

もう1つ、以前、学生とこんなやりとりがありました。

*This is a letter **written** in English.*
(これは英語で書かれた手紙です)

学生「先生、この written って、自動詞ですか？ 他動詞ですか？」
私　「write は『〜を書く』っていう他動詞で、この文では『書かれた』っていう受け身の意味を表す過去分詞で他動詞だよ」
学生「でも先生、他動詞なら、目的語はどこにあるんですか？」
私　「……」

　いかがでしょうか。この質問にきちんと答えるためには、結局、受け身の文を作るときのしくみにさかのぼって説明するしかありません。write (V) a letter (O) を受け身にすると、a letter is written となりますが、この時点で、目的語だった a letter が主語に変わるので、目的語が消えてしまうのです。そして、生徒が疑問に思った英文では、この目的語がない過去分詞 written が前にある a letter を後ろから修飾しているのです。

　皆さんの中に、「じゃあ、その修飾している a letter を目的語って考えちゃダメなの？」なんて思った人がいるかもしれません。この文は This (S) is (V) a letter (C) … という第2文型で、a letter は動詞 is の補語です。英文法には「1つの名詞に役割は1つ」というルール、つまり**1つの名詞は文の要素としては「主語、動詞の目的語、補語、前置詞の目的語、同格」といった役割のうちのどれか1つしか同時に担当できない**という約束があって、「ある名詞が補語であると同時に目的語である」のように役割を兼務することは絶対にありません。ただ、私は学生からこの質問を受けるまで「written は他動詞（の過去分詞）なのに目的語がない」などと考えたこともありませんでした。学生の質問を受けていると本当に意外なことに気づかされるものです。

●コラム　目的語を「とる」

先ほど p.029 で「他動詞」の定義を、私はあえて

「他動詞」：「目的語」がある動詞

と書きました。ところが英文法では、しばしば

「他動詞とは目的語を**とる**動詞のこと」

と定義します。この日本語の「とる」はもちろん「必要とする」という意味ですが、かつてこれを「取る（＝取り去る）」という意味だと思っていた学生がいて、「この動詞は目的語をとる [or とれる]」という記述を、本来は「この動詞は後ろに目的語が必要である」という意味なのに、「この動詞は目的語を取り去る（＝目的語がない）」のように勘違いしていたのです。私はそれ以来、誤解を招かないよう、あえてこの意味で「とる」という言葉は使わないように心がけています。

この「とる」という語は文法書にはふつう出てきます。「同格の that 節を**とる** [or **とれる**] 名詞は...」とか「第4文型の動詞は目的語を2つ**とる**」のようにです。さらに、この「とる」は「必要とする」という意味以外に次のような使い方も見られます。

「この動詞は第4文型を**とる**」
「第4文型を**とる**動詞一覧」

この場合の「とる」は「〜において使われる」と言い換えられます。いずれにしても、学術用語ではないこうした何気ない日本語でも学習者の混乱を招く恐れがあることを我々教師側ももっと強く認識した方がいいのではないかと思う今日この頃です。

6 間接目的語と直接目的語

第4文型 (SVOO) に関する用語を見ておきましょう。第4文型には、動詞に2つの目的語があります。

(a) The referee **gave** (V) *the player* (O) a yellow card (O).
(審判はその選手にイエローカードを出した)
(b) He kindly **lent** (V) *me* (O) an umbrella (O).
(彼は親切にも私に傘を貸してくれた)

この2つある目的語のうち、gave や lent という動詞の表す動作の直接の対象となるのは**後ろにある**「…を」にあたる O なので、こちらを「**直接目的語**」といいます。一方、それと区別するために、**最初にある**「…に」にあたる O を「**間接目的語**」といいます。そして、この2つの目的語をまとめて「第4文型の動詞は**二重目的語**をとる」のようにいうことがあります。なお、2つの目的語を区別するために、間接目的語を O_1 または IO、直接目的語を O_2 または DO という記号で表す場合もあります。

7 同族目的語

動詞の中には、自分と親戚関係にある名詞を目的語にして慣用表現を作るものがあります。たとえば、動詞 live はふつうは自動詞ですが、他動詞として名詞形 life を目的語にして live a happy *life* (幸せな生活を送る)のような慣用表現を作ります。このような、動詞と親戚関係にある目的語を「**同族目的語**」といいます。

この同族目的語を使った例をいくつか見ておきましょう。

dream a strange *dream* (奇妙な夢を見る)
laugh a loud *laugh* (大声で笑う)
fight a good *fight* (善戦する)

smile a meaningless *smile*（意味のない微笑みをうかべる）
die a natural *death*（自然死する）

こうしたフレーズはそれほど頻繁に使われるものでもなく、意味も推測しやすいので無理に暗記する必要はありません。「英語にはそういう言い方がある」くらいに思っておけばいいでしょう。

8　文の主要素と修飾要素

文を構成する上で欠かせない語のことを「**文の主要素**」と呼ぶことがあり、ふつうは、「**主語 (S)**」「**述語動詞 (V)**」「**目的語 (O)**」「**補語 (C)**」の4つを指します。

それに対して、そうした主要素を、意味や形の上で補ったり、修飾したりするサポート役となる語句は「**修飾要素**」と呼ばれて、しばしばMという記号で表されます。このMは Modifier（修飾要素）という語の頭文字です。「**修飾語句**」ともいいます。

ただし、主要素のうち、OやCが実際に必要かどうかは、すでに見たように、動詞の用法にかかわってきます。

(a) He (S) **runs** (V) every day.（彼は毎日走っている）
(b) He (S) **runs** (V) a small restaurant (O) in his hometown.
　　（彼は故郷で小さなレストランを経営している）

(a) の run は「走る」の意味で第1文型の用法ですから、OやCがなくても主要素が欠けているとは考えません。(b) の run は「…を経営する」の意味で第3文型の用法ですから、Oの a small restaurant がないと、（「経営する」という意味では）「主要素を欠いた文」ということになってしまいます。

ところで、英語の文法書には「接続詞 that の後には**完全な文**が続く」とか「関係代名詞 what の後は**不完全文**である」のように、「**完全（な）文**」「**不完全（な）文**」という用語がしばしば登場します

が、その場合の「**完全/不完全**」とは、たいてい「**文の構成上、本来あるべき名詞か形容詞が1つない**」、つまり「**主語、（動詞や前置詞の）目的語、補語**」のどれかがないことになります。

一方で、文の主要素以外の語句、たとえば副詞が欠けている場合は、それを「完全」とみなすか「不完全」とみなすかは、その説明が何をいわんとしているのかによって線引きが難しい微妙な場合があります。たとえば、次の文を見てください。

I just can't remember where *I put it*.
（私はそれをどこに置いたのかどうしても思い出せない）

I put it（私はそれを置いた）という部分は、第3文型で使う他動詞 put に目的語があるので、文型上は欠けている名詞がない「完全な文」の形です。ただ put という動詞はたいてい I put it *down*. とか I put it *on the table*. のように場所を表す何かしらの副詞要素が必要で、上の例文では、前にある疑問副詞の where がその場所を表す語句の代わりをしています。この場合、I put it の部分はその副詞要素まで必須だと考えれば「不完全」ということになります。

いずれにしても、**英語の文に関する「完全/不完全」という用語は、日本語の「完全/不完全」とは意味が違うので注意しましょう。**

9　動詞と文型の整理

さて、これまで説明した、自動詞、他動詞の定義と、五文型を結びつけると、次のようにまとめることができます。

第1文型 (SV)
第2文型 (SVC) 　　　目的語 (O) がないから「自動詞」

第3文型 (SVO)
第4文型 (SVOO) 　　目的語 (O) があるから「他動詞」
第5文型 (SVOC)

036

つまり、文の中で動詞が第何文型で使われているのかがわかれば、自動詞か他動詞かはおのずと決まってしまうことになります。

　なお、この「他動詞/自動詞」の前に、さらに「完全/不完全」という用語がついて、「完全自動詞」のような名前がつけられる場合もあります。「完全/不完全」とは**補語が必要なら『不完全』、補語が不要なら『完全』**という基準です。（自動詞や他動詞の前につけるこの「完全/不完全」という用語は、前の項でお話しした文の「完全/不完全」とはまた別の概念です）　したがって、上の第1文型～第5文型を、それを加えて再度整理すると、次の図のようになります。

		補語が	
		不要（→完全）	必要（→不完全）
目的語が	ない（→自動詞）	第1文型 SV 完全自動詞	第2文型 SVC 不完全自動詞
	ある（→他動詞）	第3文型 SVO 完全他動詞	第5文型 SVOC 不完全他動詞

　なお、第4文型はSVOOですから、上の理屈からいうと「完全他動詞」なのですが、それでは第3文型と区別がつきません。第4文型で使う動詞は、give, teach, send …のように、つきつめると「〈人〉に物や知識などを与える［授ける］」という意味を持つものがほとんどなので、**「授与動詞」**という名前をつけて区別しています。

＊

　さて、ここまで文型、目的語、補語といった話をしてきましたが、こうした用語の理解は英文法の学習上非常に重要で、ここがわからないと、不定詞や関係代名詞などの文法事項でつまづくことになります。しっかり理解しておきましょう。

1-4 受け身

1 能動態と受動態

まず、「受動態」の「態」という用語から説明しましょう。「態」とは「**動作を、する側の立場からいうか、される側の立場からいうか**」を示す用語で、英語だけでなく日本語や他の言語にも存在します。以下の例は基本中の基本ですが確認してください。

【受動態（受け身）の文の作り方】（第3文型の場合）

(a) 元の文＝能動態

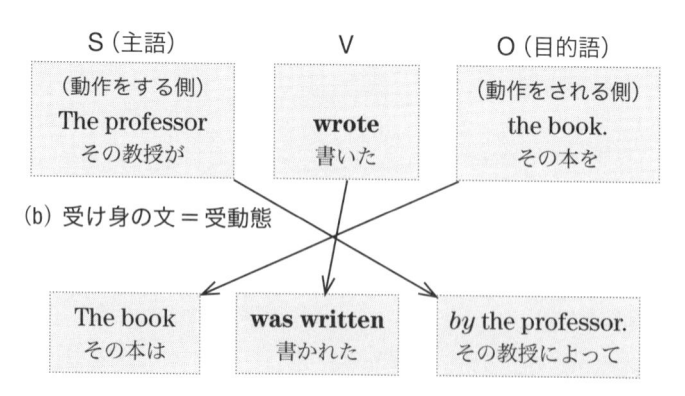

S（主語）	V	O（目的語）
（動作をする側） The professor その教授が	**wrote** 書いた	（動作をされる側） the book. その本を

(b) 受け身の文＝受動態

The book その本は	**was written** 書かれた	*by* the professor. その教授によって

(a) の文は第3文型です。この文の目的語 the book を主語にして、動詞を〈be 動詞＋過去分詞〉にしたものが (b) の文です。また (a) の文の主語 The professor が、(b) では by（～によって）の後に置かれています。（この by の後にある語句は「**動作主**」と呼ばれます）このようにしてできた「～される」の意味を持つ形を「**受動態**」といいます。それに対して元の文を「**能動態**」、この書き換える操作の

038

ことを「**態の転換**」といいます。なお、「能動態」というのは「受動態」があって初めてそういう概念が成立するわけです。たとえば、I like dogs. という文をいちいち「これは能動態の文だ」とはふつうは考えません。

「受動態」を学習するときは、元の「能動態」の文を意識することがとても重要です。たとえば、「私は自転車を盗まれた」を次のように間違えて書く人が多いのですが、なぜ間違いなのか説明できますか？

× I was stolen my bike.

正しくは I had my bike stolen. となります。よく I was stolen の部分だけ訳して、「『私は盗まれた』なんて変だからこの文は間違い」という説明をする人がいます。しかし、この説明自体が間違いであることに皆さんはお気づきでしょうか？

たとえば、次の文を見てください。

I was given this pamphlet.（私はこのパンフレットをもらった）

この英文は以下に図解するように 、… gave (V) me (O) this pamphlet (O) という第4文型の文を受動態に転換したもので、意味的に自然か不自然かは別として、文法的にはまったく問題がありません。

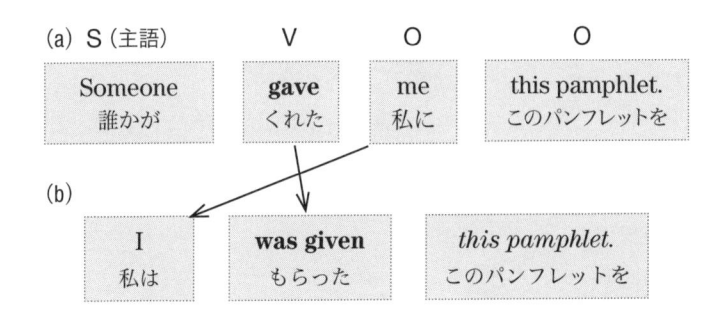

(a) S（主語）　　V　　O　　O

| Someone 誰かが | **gave** くれた | me 私に | this pamphlet. このパンフレットを |

(b)

| I 私は | **was given** もらった | *this pamphlet.* このパンフレットを |

ところが上に書いた怪しい説明をあてはめると、この文は I was given の部分が「私は与えられた」という変な意味になるから誤り、ということになってしまいます。繰り返しますが**受動態は日本語訳で正誤を判断してはいけません**。その受動態が正しいかどうかは、意味だけでなく文の構造も深く関わってきます。

　では、I was stolen my bike. はなぜ間違いなのでしょうか？受動態の文の正誤の判断は「**元の能動態の文に戻して考える**」のが**基本**です。つまり、もし I was stolen my bike. という文が存在するなら、その能動態の × Somebody (S) stole (V) me (O) my bike (O). という文も存在するはずです。（誰が盗んだのかはわかりませんので somebody を主語としておきましょう）　しかし、steal という動詞に第4文型の用法はないのでこの文は誤りです。したがって、それを受動態にした文も誤りということになります。

　ただし、この説明が通用しない場合もあります。たとえば、次のような文があります。

The lion **is said** to be the king of the jungle.
（ライオンはジャングルの王様だといわれている）

この文は確かに is said の部分が受動態ですが、この形の能動態に相当する、次のような形は、say という動詞が（現代英語では）第5文型で使えないので誤りです。

× *They say* the lion *to be* the king of the jungle.

したがって、それを受け身にした The lion is said to be ... という形も存在しないはずなのですが、実際には使われています。このような特殊な形は理屈で考えず、覚えてしまった方がいいでしょう。

　さて、あることを述べるのに受動態を使うか能動態を使うかの判断は、原則として、主語の立場になって「する」か「される」かを考えるのが基本です。しかし、次の英文を見てください。

His novels **sell** very well in Japan.
(彼の小説は日本ではとてもよく売れる)

Her books **read** smoothly.
(彼女の本はすらすら読める)

These potatoes **peel** easily.
(これらのじゃがいもは楽に皮がむける)

　主語の立場で考えると、動詞部分を are sold とか are read といった受け身にしたくなりますが、他動詞の中には、その目的語にあたる語を主語にして自動詞として使える用法を持つものがあります。このような形を「**能動受動態**」と呼びます。また最近では「**中間態**」とか「**中間構文**」と呼ばれています。

2　受動態の文に文型はあるか？

　さて、ここで改めて五文型と受動態の文の関係を整理すると、次のようになります。

- SV　　　➡　受動態にできない
- SVC　　➡　受動態にできない
- SVO　　➡　S (←元 O) is p.p.　という受動態になる
- SVOO　➡　S (←元 O) is p.p. O という受動態になる
- SVOC　➡　S (←元 O) is p.p. C という受動態になる

　　　　　　　　　　　※ p.p. は過去分詞の略号（☞ p.083）

　第1文型と第2文型の動詞は O のない自動詞ですから、受動態にできません。第3文型〜第5文型の文は、O を主語にして受動態の文に転換できます。第3文型の例は最初に見たので、残りの2つの文型の例を見ておきましょう。

第1章　品詞と文型

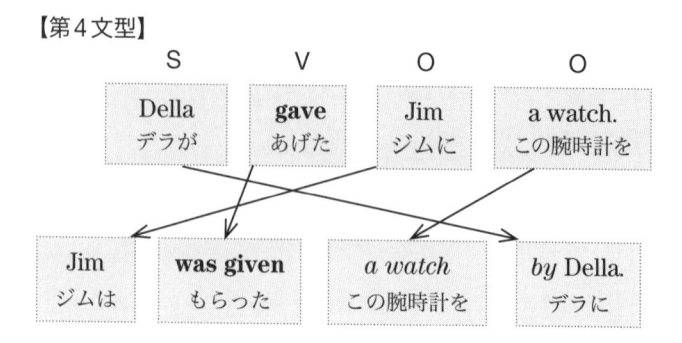

【第4文型】

S	V	O	O
Della デラが	**gave** あげた	Jim ジムに	a watch. この腕時計を

Jim ジムは	**was given** もらった	*a watch* この腕時計を	*by* Della. デラに

　第4文型の場合はOが2つあるので、1つ目のO(間接目的語)を主語にした受け身の文を作っても、もう1つのO(直接目的語)がbe p.p.の後に残っています。この残ったOのことを「**保留目的語**」ということがあります。(第4文型については☞ p.034, 037)

【第5文型】

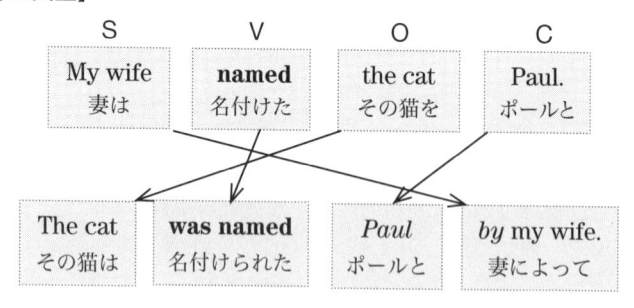

S	V	O	C
My wife 妻は	**named** 名付けた	the cat その猫を	Paul. ポールと

The cat その猫は	**was named** 名付けられた	*Paul* ポールと	*by* my wife. 妻によって

　さて、こうした態の転換で、元の能動態の文にあった文の主要素を示す記号が受動態に転換した後の文には付けられていないことにお気づきですか？　実は受け身の文に五文型の考え方を当てはめようとすると、5つでは足りなくなってしまうのです。そこでふつうは、**受け身の文自体の文型は考えない**ことになっていて、もし必要な場合は、元の能動態の文の文型を考えて「第○文型の受け身の文」

というふうにいうことになっています。

　もちろん「どんな文でも五文型に分類できる」という方針のもと、たとえば、He was killed.（彼は殺された）という受動態の文を He (S) was (V) killed (C). のように、killed という過去分詞を形容詞のようにみなして補語と考え、全体を第2文型だと考えることは可能です。ただ、これは元の文が第3文型の場合はなんとかセーフですが、第4文型や第5文型の受け身の文では、過去分詞の後に元の文の目的語や補語が残るのでうまくいきません。

*

　なお、本書では「受動態」という用語と「受け身」という用語を説明の都合上、ほぼ同じものとして扱っていますが、厳密には以下のような使われ方の違いがあります。

- **受動態**：述語動詞の位置に〈be 動詞 + p.p.〉が使われている形で、その部分だけを指すこともあれば、文全体を指すこともある。また、be p.p. という形を含んでいる、to be p.p. や being p.p. のような形も、それぞれを「不定詞の受動態」「動名詞・現在分詞の受動態」のように呼んでいる文法書もある。
- **受け身**：「受動態」よりもう少し広い概念で、「〜が...される」という意味の関係を示すのに使われる。たとえば、I (S) had (V) my bag (O) stolen (C). という文で「O と C の間には『受け身』の意味の関係がある」とはいうが、「『受動態』の意味の関係がある」とはあまりいわない。

　もちろん上に書いたことは、「こんなふうに区別して使うこともある」くらいに考えてください。実際にはほとんど同じ意味だと思っても学習上は支障ありません。

●コラム 「新情報・旧情報」とは？

　最近、「新情報」や「旧情報」という言葉を文法書や参考書で目にする機会が増えています。

　人と話をするとき、冒頭にいきなり相手が知らない人名や話題を持ち出したら、話を聞いている方は「？」となってしまうでしょう。やはり最初は相手になじみのある話題から入って、その中で新しい話題を徐々に追加していくのが、ふつうの話の流れではないでしょうか。

　そこで、**文の先頭に近い位置には「旧情報」（＝相手がすでに了解済の情報）が置かれ、文末には新情報（＝相手（聞き手・読み手）の知らない情報）が置かれる**ことが多いわけです。もちろん、これは絶対的なルールではありませんので「文末に旧情報は絶対来ない」などと勘違いしないでください。

　なお、これと関連して、「読み手[聞き手]にとって新しい情報」や「強調したい語句」が文末（または、それに近い位置）に置かれる傾向を「**文末焦点**」の原則と呼ぶことがあります。

　この「新情報・旧情報」という概念を使うと、倒置をはじめ、受動態の妥当性や代名詞の文中での位置など、いろいろな文法現象がうまく説明でき、最近はこの「新情報・旧情報」という用語がよく使われているというわけです。

第2章

名詞、形容詞、副詞に関する語

「名詞」「形容詞」「副詞」というのは、文法の中でも特に「語法」(単語一つ一つの使い方) を学習する上で、非常に重要な品詞で、それに伴う文法用語もたくさんあります。ここではこうした分野を学習していて頻繁に出会う用語を一つ一つ用例とともに取り上げて検討していきます。

2-1 名詞

1 可算名詞と不可算名詞

　英和辞典で名詞を引くと、たいてい単語の意味の前に C とか U とかいう記号があります。あれはその名詞が「**可算名詞 (countable noun)**」か「**不可算名詞 (uncountable noun)**」か、という区別を示しています。この「可算名詞/不可算名詞」は「数えられる名詞/数えられない名詞」とも呼ばれます。でも「名詞が『数えられる』」っていったいどういう意味なのか考えたことがありますか？

　そこで質問です。「本」(book) は「1冊、2冊」と数えられますが、では「アドバイス」(advice) はどうでしょう？　これも1つ、2つと数えられそうです。しかし、ここが肝心です。**英語の名詞の可算/不可算はそうやって実際に数えられるかどうかで判断してはいけません**。英語の advice (アドバイス) は不可算名詞なので数えられません。なぜですかって？　いえ「なぜ」と考えてはいけません。そう決まっているのです。皆さんが英語の先生に、複数のアドバイスを列挙してみせて、「先生、アドバイスは1つ、2つ、...って数えられますよ」と説得したところで、advice が「数えられない」名詞であることは変わらないのです。(ちなみに advice の数をいう必要がある場合は、piece という名詞の助けを借りて、*a piece* of advice, *two pieces* of advice ... のように数えます) 何が可算名詞で何が不可算名詞かは一つ一つ覚えるしかありません。

　したがって、英語を学習する上では「**可算か不可算か迷いやすいもの**」をとりあえず覚え、それ以外は辞書で確認するのが現実的だと思います。以下に、代表的な不可算名詞をあげておきます。(この中には意味によっては可算名詞になるものもあります)

> advice（アドバイス）/ baggage（荷物）/ equipment（機器）/ fun（楽しみ）/ grass（草）/ furniture（家具）/ hardware（ハードウエア）/ homework（宿題）/ information（情報）/ news（知らせ）/ progress（進歩）/ software（ソフトウェア）/ weather（天候）/ work（仕事）

ちなみに、この表の中にある furniture（家具）に相当するフランス語の meubles は可算名詞です。なので、フランス人が英語を書くと、うっかり furnitures と複数形にしてしまう誤りがあるそうです。英語とフランス語のような同じヨーロッパの言語でも同じ意味の単語で可算 / 不可算の違いがあるということは、これをイメージとか理屈で説明するのはやはり無理があるようです。

2 単数と複数

さて、可算名詞は1つ［1人］の場合と、2つ［2人］以上の場合で単語の形が変わります。といっても、たいていは、2つ以上の場合に、最後に s とか es を付けて、次のような形にします。

a dog　　➡　dog**s**
a church　➡　church**es**

この「2つ以上の場合のときに使う名詞の形」が「**複数形**」、1つの場合の形（辞書の見出しにはこの形が載っています）が「**単数形**」です。注意することは次の2つです。

① **不可算名詞には（数えられないのだから）複数形はない！**

もし不可算名詞に -s がついているように見えたら、それは可算名詞として使われています。たとえば、work は「仕事」の意味では不可算名詞なので、もし a lot of work**s** という英語を見たら、それは work が可算名詞であり、work には可算名詞で「作品」の意

味があるから「多くの作品」という意味だろうと見当をつけます。

② 英語には単数形と複数形が同じ形をした単語があって、その形は一般に「単複同形 (たんぷくどうけい)」といわれる。

たとえば、sheep (羊) は1匹なら a sheep、10匹いれば ten sheep で、sheep に -s はつきません。また means (手段) という単語は、単数形も複数形も means です。Language is *a means* of communication. (言語は意思伝達の手段である) という文を見て、「なんで複数形 means に a がついているんだろう」なんて思わないように。この means は元から語尾が -s で終わっている単数形の名詞です。

さて、次の例文を見てください。

(a) We made **friends**. (私たちは友達になった)
(b) They exchanged name **cards**. (彼らは名刺を交換した)

(a) の make friends は「友達になる」という慣用句ですが、友達になるには人間が最低2人必要ですし、(b) も交換という行為をするためには、交換する物は複数のはずです。このように、慣用的に複数形で使われる名詞の複数形は「**相互複数**」と呼ばれます。

3 意味による名詞の分類

名詞を、上にあげた文法上の「可算 / 不可算」という分類以外に、どんな種類のものを表しているのか、意味によって分類すると次頁上の表のようになります。

なお、同じ名詞でも、意味によって表中の①〜⑤が変わることはよくありますから「変だな？」と思ったら辞書を引いて確かめましょう。ためしに、次の例文を見てください。

(a) I need a lot of paper.
(b) I found interesting articles in local papers.

① 普通名詞	目に見える、形のある「物」を表す名詞。 【例】a notebook (ノート), scissors (はさみ) ※ただし、目に見えない、形のないものでも、1つのまとまった概念や行為などで普通名詞に分類されるものもある。【例】a minute (分), an idea (考え), a dream (夢), a trip (旅行)
② 集合名詞	同じ種類のものがまとまって1つのグループになっているものを表す名詞。 【例】audience (聴衆), staff (スタッフ)
③ 物質名詞	その名のとおり、物質名や材料名などを表す名詞。 【例】water, cheese, milk, soap
④ 抽象名詞	形のない、目に見えない、概念や物事の性質などを表す名詞。また、動作や状態を表す語も含む。 【例】happiness (幸福), education (教育)
⑤ 固有名詞	人名、地名、曜日・月などを表す名詞。常に最初の文字を大文字で書くのが特徴。 【例】Chopin (ショパン), Japan, Monday, February

*

(a) は「紙」なので③物質名詞で、紙が山のようにあっても複数形になりません。(b) は「私は地元の各紙に面白い記事を見つけた」の意味です。paper は「新聞」の意味のときは①普通名詞で、2紙以上あれば複数形になります。

上の①〜⑤と、可算・不可算の関係は、原則以下のとおりです。

	可算	不可算
① 普通名詞	○	
② 集合名詞	○	○
③ 物質名詞		○
④ 抽象名詞		○
⑤ 固有名詞		○

②の集合名詞だけが「可算/不可算」両方にまたがっていてややこしいので、ちょっと補足しておきます。集合名詞は次の3つに分類されます。

(1) 集団を1つのまとまりとみなし、その集団が1つなら単数形で単数扱い、複数あれば複数形で複数扱いするもの。

> Our **family** *is* large. (うちの家族は大家族です)
> There *are* a lot of **families** in this area.
> (この地域には多くの家族が住んでいる)

(2) 集団の構成要素を念頭に置き、単数形でも複数扱いをするもの。(ただし意味や、英米間の語法の差で単数扱いになる場合もある)

> His **family** *are* all doctors. (彼の家族は全員医者だ)
> All the **staff** *are* kind and helpful.
> (スタッフはみな親切で協力的だった)

このように形は単数形でも複数扱いをする集合名詞を「**衆多名詞**」と呼ぶことがあります。

(3) 集合体自体が常に単数形で複数扱いのもの。

> **The police** *are* investigating the crime.
> (警察はその犯罪を調査中です)

4　同格

「同格」とは簡単にいうと「文の中での資格が同じ」という意味です。次の例を見てください。

> Mr. Williams, our math teacher, is very kind.

この文全体の構造は、Mr. Williams (S), ... , is (V) very kind (C). ですが、SVの間にある our math teacher という名詞の役割はどう考えたらいいでしょう。内容的には Mr. Williams = our math teacher ですが、our math teacher も主語だと考えると、is という1つの動詞に主語が2つ（Mr. Williams と our math teacher）あることになってしまいます。こういうときは、主語は Mr. Williams 1つだけということにしておいて、our math teacher はその主語と同じ資格の語（しかし主語ではない）という扱いをして構文上の辻褄を合わせます。このような、**名詞の補足説明をしていて、文の主要素（☞ p.035）にならない語句の働きを「同格」**といいます。次は代名詞と名詞が同格の関係の例です。

That's good for *us* **students**. （それは我々学生には好都合だ）

日本語訳からもわかるとおり、代名詞 us = students の関係です。また、以下のように代名詞 all, each などが主語と離れた位置に置かれている場合も同格だと考えます。（これを副詞だと考える人もいます）

We were **all** disappointed. （私たちは皆がっかりした）
They were **each** given a role. （彼ら一人一人に役割が与えられた）

同格になるものは単語1つだけとは限りません。次のような直前の名詞の補足説明をする that 節はおなじみだと思います。

She hid *the fact* **that she was pregnant**.
（彼女は妊娠しているという事実を隠した）

この that 節全体は直前の the fact という名詞と同格の扱いになりますから「名詞節」で、しばしば**「同格名詞節」**と呼ばれます。that は接続詞ですから、その後ろに完全な文の形が置かれます。これに対して、関係代名詞の that の後ろが不完全（名詞が1つ欠けた形☞ p.035）になりますので、その違いに注意してください。

(a) The news **that** *we had brought food* quickly spread.
（私たちが食糧を持って来たという知らせはすぐに広まった）

(b) The news **that** *we had brought* quickly spread.
（私たちが持って来た知らせはすぐに広まった）

　(a)の文はthat節内が we (S) had brought (V) food (O) という完全な形になっているので、that は接続詞で同格の名詞節をまとめています。一方、(b)は that の後ろが we (S) had brought (V) と目的語が欠けている不完全な形なので that は関係代名詞（brought の目的語として働いている）であり、The news はその先行詞（☞p.168）となります。（動詞 bring は他動詞用法のみ）

　なお、英文法の学習をしていて「同格」という用語が使われるのは、上にあげた以外では、たいてい次のようなケースです。

① 名詞の具体的な内容を〈of ＋動名詞〉や〈to 不定詞〉で説明
He realized his **dream** *of becoming a musician.*
（彼はミュージシャンになる夢をかなえた）
Parrots have the **ability** *to mimic human speech.*
（オウムは人間の話し言葉を真似する能力を持っている）

② 〈名詞 of 名詞〉で of が＝（イコール）の意味
Just **the two** *of us* were there.（私たち2人だけがそこにいた）
The city *of Tokyo* has been chosen to host the Olympic Games in the year 2020.
（東京（という都市）が2020年のオリンピック開催都市に選ばれた）

③ ダッシュ（—）（☞p.220）で直前の語句の言い換え
They are probably **about the same age**—*in their early twenties.*
（彼らはおそらくほぼ同じ歳だ。20代前半だろう）

5　名詞化

この「名詞化」という概念のイメージを持ってもらうために、まずは次の問題を考えてみてください。

> 【問】「コロンブスがアメリカを発見した」という文の一部を変えて下の空欄に入れ、後の部分とつながるようにしなさい。
>
> [　　　　　　　] は世界史上の重大事項の1つだ。

与えられた文をそのまま入れて、

「コロンブスがアメリカを発見したは世界史上の重大事項の1つだ」

としたら変ですね。この場合、次の2つの方法があります。

① 最後に「こと」をつける

「コロンブスがアメリカを発見した」
→「コロンブスがアメリカを発見したこと」

こうすると「コロンブスがアメリカを発見したことは世界史上の重大事項の1つだ」となり、不自然な文ではなくなります。

② 動詞を名詞にして、それに合わせて助詞を変える

コロンブス	が	アメリカ	を	発見した
↓	↓	↓	↓	↓
コロンブス	の [による]	アメリカ	の	発見

こうすれば「コロンブスによるアメリカの発見は世界史上の重大事項の1つだ」と正しい文になります。

さて、上で試みた①と②の方法のうち、②と同じようなことを英

第2章 名詞、形容詞、副詞に関する語

語でするのが「名詞化」です。**英文法でいう「名詞化」は、動詞や形容詞を名詞に変えて、その前後にある語句を、その名詞とつながるよう、形を変えたり、前置詞をつけたりすることです。**

では、具体的にやってみましょう。

Columbus (S)　discovered (V)　America (O).

まず、discovered（発見した）という動詞を名詞形 discovery（発見）に変えます。そして、目的語であった America をつなげるのですが、discovery America と並べただけでは意味不明です。America が discover という動詞の目的語であることを示すために、ここでは前置詞 of を使って、

discovery *of* America（アメリカの発見）

とします。（なお、使う前置詞は名詞によって異なります）　次に元の文の主語だった Columbus を変化させるのですが、2つ方法があります。1つは Columbus にアポストロフィをつけて、

(a) Columbus' discovery *of* America
　　（コロンブスのアメリカの発見）

とする方法。もう1つは先ほどの日本語「コロンブスによるアメリカの発見」に対応する前置詞 by を使って、

(b) discovery *of* America *by* Columbus
　　（コロンブスによるアメリカの発見）

とする方法です。このように名詞化した文はカタマリ全体が名詞句として機能しますから、たとえば文の主語として、

Discovery of America by Columbus is one of the most important events in world history.
（コロンブスによるアメリカの発見は世界史上で最も重要な出来事の1つだ）

のように使えます。

この名詞化の例を、元の語が形容詞の場合も含めて以下にあげておきますので、名詞化する前と後を見比べながら、語句の形や位置がどのように変化しているのか一つ一つ観察してみてください。

(c) He is **able** to calculate quickly.（彼は素早く計算ができる）
→ *his* **ability** to calculate quickly（素早く計算できる彼の能力）
(d) The writer **died** suddenly.（その作家は突然死んだ）
→ the writer's sudden **death**（その作家の突然の死）
(e) The Beatles **influenced** music and pop culture.
　（ビートルズは音楽と大衆文化に影響を与えた）
→ the **influence** *of* the Beatles *on* music and pop culture
　（ビートルズが音楽と大衆文化に与えた影響）

この名詞化の理解は英文を読む上でとても重要です。たとえば次の文はどんな意味でしょう。

A careful examination of the data shows that those two countries have similar household savings rates.
【語句】household savings rates 家計の貯蓄率

文頭の A careful examination of ... の部分を「...の注意深い試験」と訳しても意味不明です。この examination は「試験」ではなく、動詞 examine（調べる）の名詞形で、「調べること→調査」の意味です。この部分は、次のようなフレーズが名詞化したものだと考えるとわかりやすいでしょう。

If you examine ... carefully（もし...を注意深く調べてみれば）

したがって、直訳すれば「そのデータの注意深い調査が...を示している」となりますが、名詞化する前の文をふまえて「そのデータを注意深く調べてみると、その二国は家計の貯蓄率が似ていることがわかる」のようにすれば訳として読みやすいでしょう。

（※なお、読者の皆さんの中で、この名詞化表現の訳出についてもう少し詳しく勉強したいと思われた方がいらっしゃいましたら、『英文法解説 改訂三版』(江川泰一郎著、金子書房) の pp.30-36 にある「名詞構文」のところを一読することをお勧めします。多くの用例があげられていて、目を通すだけでも十分勉強になります)

6 人称

「人称」という用語は、**英語の名詞や代名詞を、話し手、聞き手、その他、という立場で分類したもの**で、英語には1人称から3人称までがあります。(文法上、「4人称」や「5人称」という人称を持つ言語も存在します) ただ、**この1とか3という数字は、実際の人数や意味とは関係ありません**。まずは次の問題を考えてみてください。

【問】以下にあげるのは何人称でしょう？
① my son　　　　② you and I
③ you and this car　　④ everyone

いかがでしょうか？　まず、考え方を最初に説明しておくと、

- 1人称：自分 (話し手) を含む
- 2人称：相手 (聞き手) を含む
- 3人称：1人称でも2人称でもない

となるので、これが単純に、I とか he とか1人だけなら話は簡単で、

　I = 1人称　　　you = 2人称　　　he = 3人称

なのですが、問題はこれらが混在している場合です。そこでもう1つルールを覚えてください。

「1人称」「2人称」「3人称」を決めるのには
「1人称＞2人称＞3人称」という優先順位がある。

つまり、もし「話し手」が入っていたら、その他に聞き手や第三者を含んでいても、それは「1人称」として扱うのです。

では、問いを改めて順に見ていきましょう。

① my son は、my という単語があるので1人称のような錯覚を起こしがちですが、話し手から考えれば、my son は自分のこと（つまり1人称）でも、相手のことでもない第三者ですから「3人称」です。my son を he と指せることからもそれがわかります。

② you and I は you（2人称）と I（1人称）ですが、これは1人称を含んでいますから、それが優先で「1人称」です。you and I を we（1人称）と置き換えることができることでもそれがわかります。（以前、2人称＋1人称＝3人称と足し算で考えた人がいました（！）が、そうではありません）

③ you and this car は you（2人称）と this car（3人称）で、2人称を含んでいますからそれが優先して「2人称」です。

④ everyone　これは難しいですね。たとえば皆さんが大勢の人に向かって Hello, everyone!（皆さん、こんにちは）といったとします。その場合の everyone は話しかけている相手です。では everyone は相手を指すから2人称でしょうか？　いえ、人称は意味ではなく文法上の約束事で決まるのです。everyone は3人称ということになっていて、次のように動詞に三単現の -s（☞ p.084）が付くことからもそのことがわかります。

Everyone love*s* chocolate.（みんなチョコレートが好きだ）

2-2 形容詞

1 限定用法と叙述用法

形容詞が名詞を説明するのには次の2通りの方法があります。

(a) *strong* coffee（濃いコーヒー）
(b) This coffee is *strong*.（このコーヒーは濃い）

まず、(a) では形容詞 strong が名詞 coffee を「**修飾する**」（☞ p.026）という方法で説明していますが、このような形容詞の使い方を「**限定用法**」といいます。一方、(b) では strong という形容詞が is の補語になって主語の This coffee を説明しています。このような形容詞の使い方を「**叙述用法**」といいます。

なぜこの2つの用法を分類する必要があるかというと、形容詞の中には、この片方の用法でしか使えないものがあるからです。たとえば many という形容詞は、There are *many* books on the desk.（机の上にはたくさんの本がある）とはいえても、×Books on the desk are *many*. のようには使えません。このような場合、「**many は限定用法では使えるが、叙述用法では使えない**」のようにいうわけです。

類例をもう1つ見てみましょう。right という単語は形容詞の場合、「正しい」と「右の」という意味がありますが、「正しい」という意味の場合は、

(c) Circle the *right* answer.（正しい答をマルで囲んでください）
(d) Customers are always *right*.（お客様はいつも正しい）

と、(c) のように限定用法でも、(d) のように叙述用法でも使うことができます。しかし、「右の」という意味の場合、辞書を見ると

「限定用法でのみ使い、叙述用法では使わない」という旨の記述があります。つまり、right という語は「右の」という意味のとき、on the *right* side（右側に）のように名詞の前で使うことはできても、補語では使えないということです。したがって、もし That's *right*. という文があったら、この文は「それは正しい」という意味であって、「それは右だ」という意味ではないことがわかります。

2 冠詞

「冠詞」は、**英語の名詞の前に置く a, an, the という3つの単語をまとめていう用語**で、その後に置かれる名詞を話し手［書き手］がどうとらえているかを示す働きをします。**a, an を「不定冠詞」、the を「定冠詞」**といいます。また、名詞に冠詞がついていないことを「**無冠詞**」（あるいは「**ゼロ冠詞**」）といいます。ちなみに、冠詞を品詞の1つだとみなす考え方もありますが、名詞を修飾するので「形容詞」の一種だと考えるのが一般的です。

不定冠詞の a と an の使い分けは、すぐ右隣りにある単語の最初の音が母音（☞ p.210）かどうかで決まります。**文字が母音字**（＝母音を表す文字のこと。英語では a, i, u, e, o ＋母音を表すときの y を加えた6つ）**であっても、実際の発音が子音なら an ではなくて a を使います**。たとえば、university という単語の最初の文字は u という母音字ですが、発音は /j/ という子音（正確には「半母音」☞ p.211）なので、

　× *an* university ➡ *a* university

となります。また、hour（時間）は最初の h を発音しませんから、

　× *a* hour ➡ *an* hour

となります。特に略号などの文字の場合は間違えやすいので気をつけてください。次の例で、F, H, M, S は全部子音字ですが、発音は

母音で始まりますから、a ではなく an が使われます。

an FM antenna / *an* HIV test / *an* MBA degree / *an* SOS signal

定冠詞の the はよく「その」と訳して名詞を特定化する働きをしますが、必ずしもそういう働きをするばかりではありません。一例をあげれば、the の用法の中に「**総称の the**」と呼ばれるものがあります。たとえば、

The car is an important means of transportation.
（車は重要な交通手段である）

この the は「今話題にしている特定のその車」という意味ではなく、「車というものは（一般的にいって）…」と世の中にある車をまとめて指しています。このように、具体的な個々の名詞ではなく、まとめてその特徴や性質を述べる場合、文法では「総称」という用語が使われることがあります。この総称という用語は冠詞に限らず、**「名詞の一般的性質をいうためにまとめて扱って考える」**ときに、英文法全般にわたって使われます。

3　限定詞

「名詞の前に置いて使う語」にはいろいろな種類がありますが、hot や small のように名詞の具体的な「性質や形状」を表す形容詞以外の以下の①〜⑤のような語をまとめて「**限定詞**」（または「**決定詞**」）と呼びます。（品詞の分類上は形容詞です）

① 冠詞：　　　a, an, the
② 指示形容詞：this, that, these, those
③ 所有格：　　my, your, Tom's など
④ 数量形容詞：no, few など
⑤ その他：　　such など

注意したいのは、これらには hot や small などの形容詞と違って、「**同一の名詞の前に2つ同時に置けない**」というルールがあることです。たとえば、「この私の車」を英語にするとき、this は②に、my は③に属するので、この2つを同時に car という名詞の前に置いて、× this my car や × my this car とはできません。こういう場合は③を〈**of＋所有代名詞**〉の形にして名詞の後に置き、this car *of mine* のようにします。(所有代名詞については☞ p.071)　皆さんの知っている a friend *of mine*（私の友人（の1人））という表現も × a my friend とか × my a friend のようにいえない（上の①と③がかぶっている）のであのような形になっているのです。同様に「Tom の友人の1人」も × a Tom's friend といえないので、所有格 Tom's を所有代名詞にして（名詞の所有代名詞は所有格と同じ形）、後ろに回し a friend *of Tom's* とします。このような〈of＋所有代名詞〉の形を「**二重所有格**」と呼ぶことがあります。

　ただし、⑤の such は①や④と組み合わせて、

I've never heard of **such a** thing.（そんなことは聞いたことがない）

とか、

There is **no such** thing as UFOs.（UFO なんてものは存在しない）

のように使うこともできます。

4　数詞

「**数詞**」というのは数字を表す単語、つまり 1、2、3... を表す語のことで、英語には次の2系統の数詞があります。

① 数字そのものを表す語： one, two, three, four, ...
②「～番目」を表す語：　　 first, second, third, fourth, ...

①と②を区別するため、①の系列の単語を「**基数**」、②の系列の

061

単語を「**序数**」と呼びます。序数は、

This is the **second** biggest Buddha statue in Japan.
（これは日本で2番目に大きな仏像［大仏］です）

のように順序を表す以外に、

The gravity of the moon is one-**sixth** that of the earth.
（月の重力は地球の6分の1だ）

のように、そのままの形で「〜分の1」という意味（分数）も持っています。

ちなみに、こうした分数などの数字の読み方は、文法書の「形容詞」の項目の章末にたいてい「数字の読み方」という項目があり、そこに、年号、電話番号、温度などの読み方とあわせて載っています。一度目を通しておくとよいでしょう。

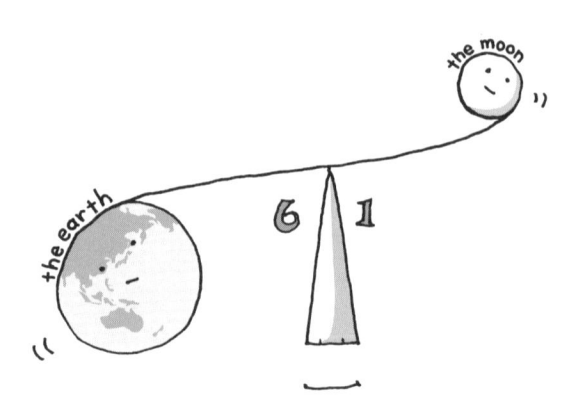

2-3 比較に関する用語

1 比較の基本

比較というと、次のようなパターンが思い浮かぶと思います。

(a) Tom is as **tall** as you.（トムは君と同じ背の高さだ）
(b) Tom is **taller** than you.（トムは君より背が高い）
(c) Tom is the **tallest** of the three.（トムは3人の中で一番背が高い）

tall という形容詞の形に注目してください。(a) のように as ... as で挟まれたときに使う、辞書の見出しと同じ形を「**原級**」、(b) のように「～と比べて、より...」という意味のとき、語尾に -er や前に more がついた形を「**比較級**」、また、(c) のように「最も...」という意味のときに使う、語尾に -est や前に most をつけた形を「**最上級**」と呼びます。整理すると次のようになります。

原級	比較級	最上級
tall	taller	tallest
beautiful	more beautiful	most beautiful

また、比較のパターンを意味によって分類した場合、(a) のように as ... as を使って「2つの物・人の程度が同じであることを示す」比較のことを「**同等比較**」、(b) のように「片方がもう片方より勝っていることを示す」比較は「**優勢比較**」といいます。さらに、

(d) Tom is **less** tall than you.（トムは君ほど背が高くない）

のように「片方がもう片方より劣っている」ということを示す形は「**劣等比較**」とか「**劣勢比較**」と呼ばれます。

第2章 名詞、形容詞、副詞に関する語

2 絶対比較級と絶対最上級

「比較級」はふつう、その名のとおり、他の物や人と比べるときに使う形です。たとえば、次の例文の higher がそうです。

Mt. Fuji is **higher** *than* any other mountain in Japan.
(富士山は日本にある他のどんな山よりも高い)

ところが同じ higher でも、以下の用例を見てください。

higher education (高等教育)
higher animals (高等動物)

この higher は何かと比べて「より高い」といっているのではなく、**漠然と程度が高いという意味で使われている比較級**です。このような比較級は「**絶対比較級**」と呼ばれています。

また、「**絶対最上級**」というのもあります、これもある集団の中で他と比べて第1位という意味ではなく、単に漠然と「非常に程度が高い」ことを示す最上級です。以下の例文を見てください。

(a) This is **the most useful** tool I've ever used.
　　(これは私がこれまで使った中で**最も役立つ道具だ**)

(b) This is **a most useful** tool for us.
　　(これは私たちにとって**きわめて役立つ道具だ**)

(a) は the の付いたふつうの最上級ですが、(b) は the の代わりに a が使われています。これは非常に役立つ道具が複数ある中の1つというニュアンスで使われていて、This is *one of the most useful* tools for us. という文に近い意味を表しています。このような〈a＋最上級〉の形が絶対最上級と呼ばれているものです。もちろん、名詞が複数形の場合は a が付きません。

(c) They are **most useful** tools. (それらは極めて役立つ道具だ)

3 ラテン比較級

比較級で比較の相手を示すのに、ふつうは than が用いられます。ところが、一部のラテン語由来の形容詞は、比較の相手を示すのに、than ではなく to が使われます。

He is four years **senior** *to* me.（彼は私より4歳年上だ）
The present system is **superior** *to* conventional systems.
（現在のシステムは旧式のシステムより優れている）

このように比較の相手に to を使う形容詞を「**ラテン比較級**」と呼ぶことがあり、以下がその代表的なものです。

- junior / senior（年上の / 年下の）
- superior / inferior（優れた / 劣った）
- prior（先の）

（※ 上にあげた以外に major / minor（より大きな／より小さな）という形容詞もラテン比較級の仲間に入れることがありますが、major to … / minor to … という形で使われることはないので、ここでは外してあります）

4 クジラの公式

これは正式な文法用語ではないのですが、耳にすることも多いのであえて紹介することにしました。次の文を見てください。

(a) A whale is **no more** a fish **than** a horse is.

鯨はほ乳類ですが、海にいるから魚の一種だと誤解している人に対して、「誰が考えても絶対に魚だと思わないモノの代表例」として「馬」を選び、「鯨と馬のどちらの方がより魚に近いか」を比較させた構文です。この no は比較級の前にあると**比較している二者の**

差がゼロであることを示します。結局、

A whale is	no	more a fish	than a horse is.
鯨は	程度の差はゼロ	もっと魚である	馬（が魚であること）と比べて

となり、「馬が魚である程度」が０％なのは明らかで、「鯨が魚である程度もそれと差はない」と主張していることになります。この英文は「鯨は馬同様に魚ではない」「鯨が魚でないのは馬が魚でないのと同じである」のように訳します。

もちろん実生活でこの例文に出会う可能性は限りなくゼロですが、このような否定の意味を持つ **no more ... than** という形のことを、この例文の主語である鯨にちなんで、「**クジラ（の）公式[構文]**」と呼んでいます。この「クジラの公式」は広い意味で以下のような形も含みます。

① no more ... than と同じ意味を表す not ... any more than の形

A whale is **not** a fish **any more than** a horse is.

② more の代わりに、-er のついた比較級が使われた形

Diet soda is **no healthier than** regular soda.

（ダイエット炭酸飲料はふつうの炭酸飲料と同様、健康的ではない）

③ more の代わりに less が使われた形

Play is **no less** necessary to children **than** study.

（遊びは子供たちにとって勉強に劣らず必要である）

2-4 副詞

1 副詞の定義

　文法書で副詞の定義を見ると、「**副詞とは、形容詞、(自分以外の) 副詞、動詞、文全体を修飾する語のこと**」などとあります。でも定義文の中に「副詞」という語があるので、「だから、その『副詞』がわからないんだよ！」とツッコミを入れたくなりませんか？

　では、副詞はどう定義したらよいでしょう。

　1つは、「**副詞は名詞以外を修飾する**」と消去法的に定義することです。こうすれば、定義文の中に『副詞』という語は出てきません。ただし、副詞の中には、そもそも他の語句を修飾しているようには見えないものがあります。たとえば次の文を見てください。

　I think. *Therefore*, I am.（我思う、ゆえに我あり）

　この Therefore という単語は「したがって；それゆえ」の意味の副詞です（☞ p.068）。でも、「どの語句も修飾してない」という感じがしませんか？　実際には、文法上は am という動詞を修飾していることになっているのですが、それは知識として知っているからそういえるのであって、感覚的にそんな感じはしませんね。

　そこで、まず副詞にはどんな共通点があるのか調べてみましょう。次にあげた太字はすべて副詞です。

- **very** fast（とても速く）の **very**（とても）
- walk **slowly**（ゆっくりと歩く）の **slowly**（ゆっくりと）
- He is **always** late.（彼はいつも遅れる）の **always**（いつも）
- **Clearly** he was lying.（明らかに彼はうそをついていた）の **Clearly**（明らかに）

- He came home. **However**, he went out again.（彼は帰宅した。しかし再び外出した）の **However**（しかし）

何の共通点もなさそうに見えますね。そうなのです。**副詞というのは、単語をいろいろな品詞に分類していく過程で、他のどの品詞にも入れられなかったものをまとめて呼ぶ品詞なのです。**上の例にhoweverがあります。意味が「しかし」ならbutと同じ接続詞だと考えたくなりますが、接続詞として認められるためには「コレコレこんな使い方ができなければダメ」という一種の資格審査みたいなものがあって、howeverはその審査に通らないのです。たとえば、「彼女は私を見たが何もいわなかった」を英語で、

○ She saw me, **but** she didn't say anything. とは書けても
× She saw me, *however* she didn't say anything.

とは書けません。

かくして接続詞の仲間に入れず（かといって他の品詞にも入れず）残り者の集まりである「副詞」に分類されているのです。ちなみに、このhoweverは、副詞の中で（先ほどのtherefore同様）、分類上「**接続副詞**」と呼ばれています。接続副詞には以下のようなものがあります。

> 【代表的な接続副詞】(参考)
> however（しかし）/ instead（その代わり）/
> nevertheless（それにもかかわらず）/
> otherwise（そうしないと）/ therefore（したがって）

ところで、p.014でも少し触れましたが、単語の品詞は時代と共に変化することがあります。たとえば、上の表にあるotherwiseは副詞なので、

(a) ○ Hurry up, *or* you'll be late.（急げ。さもないと遅れるぞ）

068

という等位接続詞 or を使った文と同じ内容を、

(b) × Hurry up, *otherwise* you'll be late.

と書くことはできないことになっています。ただし、ピリオドではなくセミコロンを使った次の (c) は問題ありません。

(c) ○ Hurry up; *otherwise* you'll be late.

ところが、最近では、この otherwise が or と同じように使われ始めていて、(b) のような文も次第に市民権を得てきています。（辞書でも例外的な扱いで載せているものもあります）　この場合は「副詞が接続詞化している」ということになります。

2　文修飾副詞

「文修飾副詞」とは、文字通り「文全体を修飾する副詞」のことです。まずは、以下の例を見てください。

(a) She didn't remember his face *clearly*.
　　（彼女は彼の顔をはっきりと覚えていなかった）
(b) *Clearly*, she didn't remember his face.
　　（明らかに、彼女は彼の顔を覚えていなかった）

(a) の副詞 clearly が修飾しているのは動詞 remember ですが、(b) の Clearly は「彼女が彼の顔を覚えていなかった」という、その後の部分すべてを修飾していて、*It was clear that* she didn't remember his face. という文とほぼ同じ意味を表しています。このように、**文全体の内容について、評価、判断、可能性などを表す副詞のことを「文修飾副詞」**といいます。といっても、「文修飾副詞」という特別な副詞があるのではなく、副詞の中に文が修飾できるものがあるということです。なお、文修飾副詞の位置は、いつも文頭とは限らず文中に置かれる場合もあります。たとえば、

He was *naturally* punished.（彼は当然、罰を受けた）

この naturally は「…するのは当然だ［無理もない］；当然のことながら…」という意味で文中で使われています。以下に文修飾副詞の例をいくつかあげておきましょう。

I was *fortunately* able to find a new job.
（私は**運よく**新しい仕事を見つけることができた）
This is *certainly* the best restaurant in this area.
（これはこの地域で**間違いなく**最高のレストランだ）
Probably he didn't mean it.
（**おそらく**彼は本気で言ったのではなかった）

3　副詞的目的格

「副詞的目的格」とは、現代英語では「**名詞句が前置詞なしで副詞のように働く形**」のことだと思ってください。以下の太字の部分が副詞的目的格です。

I can watch this **all day**.（これなら一日中見ていられる）
This morning I got up at six.（今朝は6時に起きた）
Would you come **this way**, please?（こちらの方に来て頂けますか）
I'm **two years** older than my wife.（私は妻より2歳年上だ）
Let me put it **this way**.（別の言い方をすればこうです）

この形は、時間、距離、方法などを述べるときに使われ、定型表現になっているものも数多くあります。

2-5 代名詞

1 代名詞

「代名詞」は「<u>名詞</u>の<u>代</u>わりをする語」と書きます。確かに代名詞といえば、Bob → he とか、those books → they のように、すでに登場した名詞の反復を避けるために使われるという印象が強いと思います。ところが次の一連の文を見てください。

Hello. **My** name is Paul. **I**'m from Canada. Nice to meet **you**.

太字の My, I, you は代名詞ですが、前に出た名詞の代わりをしているわけではありませんね。そう考えると、やはり「代名詞」という漢字にはとらわれず、一つ一つの用法を学んで行くのが賢明のように思えます。

2 代名詞の種類

代名詞には以下のような種類があります。

① 人称代名詞: I, you, he, we, them など
② 所有代名詞:「～のもの」を表す mine, yours, ours など。「『人称代名詞』の**独立所有格**」と呼ばれることもある。
③ 指示代名詞: this (これ), that (あれ), these (これら) など
④ 再帰代名詞: myself, ourselves など -self か -selves で終わる語
⑤ 不定代名詞: one, another, all, some, any など
⑥ 疑問代名詞: who (誰), which (どちら) など
⑦ 関係代名詞: who, which, what など
⑧ 相互代名詞: each other, one another

ただし⑧は、⑤の不定代名詞に含めて考えることもあります。以下、これらの代名詞に関する用語について解説していきましょう。

3 人称代名詞の格

まず上の①**人称代名詞**とは、以下の表にあるような語をいいます。いちばん右の列は、②**所有代名詞**ですが、これを「**人称代名詞の独立所有格**」と呼ぶ場合もあるので表に入れてあります。なお、「人称」という漢字を見ると、人間だけを指すような錯覚を起こす人がいますが、it（それ）や they（それら）も人称代名詞です。

	主格	所有格	目的格	所有代名詞
私	I	my	me	mine
あなた	you	your	you	yours
彼	he	his	him	his
彼女	she	her	her	hers
それ	it	its	it	—
私たち	we	our	us	ours
あなたたち	you	your	you	yours
彼ら［それら］	they	their	them	theirs

この表にある「**主格**」とか「**所有格**」という用語をちょっと説明しましょう。たとえば次の日本語と英語を比べてみてください。

「彼は彼の妻を愛している。彼女も彼を愛している」

He loves **his** wife. She loves **him**, too.
　S　　V　　　O　　　S　　V　　O

日本語の下線部の「彼」が英語では He, his, him と違う形が使われています。これらの「格」は「彼」の文中での働きによって決まります。このように、**名詞や代名詞が文の中で他の単語とどのような関係にあるのかを示す形**を「**格**」といいます。英語には次の3つの

「格」があります。

- **主格:** 主語で使うときの形
- **目的格:** 目的語で使うときの形
- **所有格:** 「〜の」の意味で、隣りの名詞にかかるときの形
  ※ただし、所有格は名詞にかかり、働きは形容詞と同じなので、「所有形容詞」と呼ぶ人もいます。(☞ p.177)

したがって、文頭の「彼は」は主語なので**主格**の形 he（実際には文頭なので h は大文字で書きます）、「彼の」は右隣りにある名詞 wife にかかるので**所有格** his、動詞の目的語で使うときは**目的格** him になっているわけです。日本語では「彼」という単語が主語か目的語かを示すのに「が」とか「を」とか助詞をつけて役割を示しますが、英語では文中の単語の位置と形でそれを表すのですね。

4　名詞にも「格」はある

代名詞と同じように名詞にも「格」があります。名詞の場合、

- **主格と目的格:** 辞書に見出しとして載っているのと同じ形
- **所有格:** 辞書に載っている形の最後に 's を付けた形（※）
  ※最後が -s で終わっている名詞は ' だけを付けます。

たとえば、Tom と desk という名詞を例にあげると、

Tom： 主格 ➡ Tom　　所有格 ➡ Tom's　　目的格 ➡ Tom
desk： 主格 ➡ desk　　所有格 ➡ desk's　　目的格 ➡ desk

となります。ただ、desk のような無生物は所有格で使うことはあまりないので desk's という形を目にすることはないはずです。

では、次の文の下線部の名詞の「格」を答えてください。

Her <u>daughter</u> is <u>a student</u> at <u>Waseda University</u>.

Her daughter は文の主語だから「主格」で、Waseda University は at という前置詞の目的語だから「目的格」です。そこで、補語 a student の格は何でしょう？　この文は Her daughter (S) is (V) a student (C) という第2文型ですから、この補語は「主格補語」(☞ p.025) で、その名前からわかるとおり、a student は「主格」です。

名詞の「格」の違いが前置詞の of で表されることがあります。次の2つの of の意味を比べてください。

(a) the arrival **of** the children
(b) the education **of** the children

of の前の名詞を、それぞれ動詞に直して、その動詞と the children という名詞の関係を考えると、以下のようになります。

(a') The children (S) arrive(d) (V).「子供たち**が**到着する［した］」
(b') educate (V) the children (O)「子供たち**を**教育する」

このように書き換えるとはっきりしますが、(a) の of は、その後ろにある the children が前にある arrival の主語のような意味関係になっていますから「**主格を表す of**」、(b) の of は、その後ろにある the children が前にある名詞 education の目的語のような意味関係になっていますから「**目的格を表す of**」と呼ばれます。(ただし、この (b) は「子供たちが教えている」という特殊な文脈なら主格の of という解釈も可能です)

5 不定代名詞

「**不定代名詞**」とは、不特定の人や物を指したり数量を表す代名詞のことで、次のような種類があります。

- **人[物]、他の人[物]**：one, other, another,
- **数量の割合**：some, any, all, both, each, either, neither, none
- **誰[何]か[でも]**：someone, somebody, something, anyone, anybody, anything, everyone, everybody, everything

この中には形容詞として使えるものもあります。たとえば、

(a) **Neither** of my parents could read music.
  (両親のどちらも楽譜が読めなかった)
(b) **Neither** team couldn't score.
  (どちらのチームも得点できなかった)

(a) の neither は不定代名詞で文の主語として働いていますが、(b) の neither は形容詞で team という名詞を修飾しています。

6 再帰代名詞

次の2つの文でイタリックの語は誰を指しているでしょう。

(a) Jack killed *him*.
(b) Jack killed *himself*.

英語には「**第3文型 (SVO) で O が S と同じ人[物]のときは、O には ～self という形を使う**」という約束があります。つまり、(a) の him は主語の Jack とは別人で「他殺」、(b) の himself は Jack と同一人物で「自殺」ということになります。この**～self** の形をした次のような代名詞を「**再帰代名詞**」といいます。

myself, yourself, himself, herself, itself, oneself
ourselves, yourselves, themselves

　文型の識別のところ(☞ p.027)で、動詞の後にある名詞や代名詞が主語とイコール関係のときは補語になる、と書きましたが、再帰代名詞の場合は、**主語とイコール関係でも補語ではなく目的語**として扱います。再帰代名詞には以下の2つの用法があります。

① 再帰用法：主に動詞や前置詞の目的語で使われる。ないと文が不完全な形になる。

　He looked at **himself** in the mirror.（彼は鏡で自分を見た）

　なお、〈他動詞＋再帰代名詞〉が一種の慣用表現になっている場合は「自分自身を」という意味を訳の上で出す必要はありません。

　I fell down and **hurt myself**.（私は転んでケガをした）
　We all **enjoyed ourselves**.（私たちはみな楽しんだ）

　再帰代名詞は主語の位置では使えません。次のような英語はくだけた文体でときどき見かけますが、文法的には誤りです。

　My friends and *myself* stayed in the same hotel.
　（友人たちと私は同じホテルに泊まった）
　☞ My friends and I が正しい

　補語の位置で使うのは、次のような慣用的なフレーズだけです。

　You are not **yourself** these days.（最近、君は君らしくないね）
　The only time when I am truly **myself** is when I am alone.
　（僕が真の自分になれるのは独りでいるときだけだ）

② 強意用法：「本人自らが」という意味を強めるために使われ、文法上は主語や目的語と同格として扱う。

You said so **yourself**! (君は自分でそういったじゃないか!)
I met the president **himself**. (私は社長本人に会った)

ちなみに、再帰代名詞には所有格にあたる「〜の」という形はありませんから、「自分自身の部屋」といいたいときに、× myself's room のように's(アポストロフィs)をつけることはできません。そういう場合は、英語では one's own という形を使って表します。

You must have **your own** opinions. (自分自身の意見を持ちなさい)
I want a room of **my own**. (自分自身の部屋が欲しい)

7　形式主語と形式目的語

代名詞の it は、前に出た単語を「それ」と指す用法の他に、

① 今から出る語句を先取りする用法
② 何も指さない用法

があります。まず①の例を見てみましょう。

It is impossible *to go back*. (引き返すことは不可能だ)
It's a shame *that you can't come*. (君が来られないのは残念だ)

これらの It 自体には実質的な意味はなく、その具体的な内容は後ろにある to 不定詞や that 節の部分に書かれています。このような使い方の It は「**形式主語**」または「**仮主語**」と呼ばれ、その It が指す内容の部分を「**真主語**」といいます。(このような「真主語」を「意味上の主語」と呼んでいる文法書もあります)

第5文型の目的語にも同じような it が使われることがあります。

I found **it** hard *to sleep on my stomach*.
(うつぶせだとなかなか寝つけないことがわかった)

この文では、目的語の it の内容は to 以下です。このような it を**「形式目的語」**または**「仮目的語」**と呼び、主に動詞が find, think, make, consider の場合に使います。

> We thought **it** dangerous *for children to play near the swamp.*
> （私たちは子供たちがその沼の近くで遊ぶのは危険だと思った）
> You should make **it** clear *that you are not interested.*
> （興味がないということをはっきりさせた方がよい）

なお、後ろに出る内容を指す it を専門用語で**「後方照応の it」**、すでに出た内容を指す it を**「前方照応の it」**と呼びます。

次に、it には「具体的に何も指さない it」（②）がありますが、これは以下のように分類されます。

(1) 天候や寒暖などを表す表現で使われる it（「天候の it」）
　It's raining again.（また雨が降っている）
　It's so cold I can see my breath.（寒くて息が白く見える）

(2) 時間や距離を表す表現で使われる it
　What time is **it**?（今何時？）
　It's not far to the next station.（隣の駅までは遠くない）

(3) 特定の構文で主語の位置で使われる it
　It seems that there is no other way.（他の方法はなさそうだ）
　It cost me hundreds of dollars to get it fixed.
　（修理に何百ドルもかかった）
　※この It を形式主語だと考える人もいます。

(4) 慣用句の中で使われる it
　Before I knew **it** I put on 20 pounds.

（気がつくと20ポンド体重が増えていた）

Rumor has **it** that he quit his job.

（噂によると彼は仕事を辞めたらしい）

☞ has it は「言う」の意味

This is the way I made **it**. （僕はこうして成功した）

☞ make it は「成功する」の意味

（1）〜（3）のように、主語の位置で使われて、意味を持たない it のことを「**非人称の it**」と呼ぶことがあります。もちろん「非人称」というのは文法的な観点からの名前で、**代名詞としての人称は3人称**です。

●コラム　tough（タフ）構文とは？

次の文末の solve は自動詞でしょうか？ 他動詞でしょうか？

(a) This problem is impossible to solve.

後ろに目的語がありませんが、この solve は他動詞です。「えっ、じゃあ目的語はどこにあるの？」と思いますよね。実はこれと同じような目的語を書かない構文は他にもあります。

(b) My boss is easy to talk to.（私のボスは話しやすい）
(c) His lecture is hard to understand.（彼の講義は理解しづらい）
(d) That mountain is dangerous to climb.
　　（あの山は登るのが危険だ）

この (a) 〜 (d) を見て、どれも次のようなパターンであることに気づきましたか？

主語 + be 動詞 + 形容詞 + to 不定詞

英文がこのような形をしているとき、特定の形容詞が使われると、**to 不定詞の目的語は必ず文の主語と一致して、文末にその目的語は書かない**という複雑なルールが存在します。

その特定の形容詞とは、easy, hard, difficult, dangerous, impossible などです。冒頭にあげた (a) の例文もこの構文で、solve の目的語は文の主語 This problem と一致していて文末には書かないことになっているのです。

ところで、上に書いた「ルール」は複雑でひと言でいうのが大変です。そこで、専門家はこのような形をした構文のことを、この構文で使われる形容詞の1つである tough（大変な）で代表させ、「**tough 構文**」と呼んでいます。

第3章

動詞・助動詞とそれらに関する語

ひと口に「動詞」といっても、その分類法はさまざまで、英文法書を読むと「状態動詞」とか「使役動詞」といった「○○動詞」という用語が頻繁に登場します。ここではそうした用語を基本から解説していきます。
また、その動詞から派生した準動詞（不定詞・分詞・動名詞）にもきわめて多くの用法があり、学生のころにこのあたりから英文法の学習が怪しくなってきた人も多いのではないでしょうか？　動詞と準動詞の区別は英文の理解には決定的に重要で、そのためにそれらの用語に関する理解は必須です。

3-1 動詞と助動詞

1 動詞の定義

もし、「日本語で『動詞』とはどのような語のことですか？」と「動詞の定義」を尋ねられたらどう答えますか？　恐らく「何らかの動きを表す語」とか「動作や状態を表す語」といった答えが思い浮かぶでしょう。でも、「動き」とか「動作」を含まない「止まる」「凍る」といった語を「動詞」に含めるのはちょっと抵抗がありませんか？　「いや『止まる』はそれまで動いていたものが止まるのだから、その過程も一種の『動き』だ！」という反論も考えられます。でしたら「黙っている」とか「思考する」はどうでしょう。…と考えていくと、動詞というものを「意味」を手がかりに定義しようとしてもなかなかすっきりしないことに気がつくはずです。実は、**日本語の動詞は「用言（活用する語）の中で終止形が『ウ段』で終わるもの」**というふうに、**意味ではなく形で定義する**とすっきり説明できるのです。

英語の動詞の定義も、日本語の場合と同様に「動作や状態を表す語」なんて定義すると、stop, freeze, think, remain のような語の扱いが微妙になります。では、「日本語に訳して終止形が『ウ段』で終わるもの」という定義はどうでしょう。これもたとえば、動詞 like は「好き（だ）」であって「好く」とはまずいいませんから微妙です。結局、英語の動詞も、意味や日本語訳で定義するといろいろとやっかいな問題が出てきます。ここはやや乱暴ですが、「**辞書を引いて『動詞』と書いてあるものが動詞**」と理解しておいてください。

2 動詞の活用形

動詞は文の中での役割によって形が変わります。この形が変わることを「**活用する**」、変化したそれぞれの形を「**活用形**」といいます。

英語の動詞には次の5つの活用形があります。

原形	現在形	過去形	過去分詞形	現在分詞形
be	is, am, are	was, were	been	being
have	have, has	had	had	having
want	want(s)	wanted	wanted	wanting
go	go(es)	went	gone	going

「原形」は辞書に見出し語として載っている形です。「**現在形**」は、be動詞とhave以外は（三単現のs（☞次項）が付かなければ）「**原形**」と同じ形です。過去形、過去分詞形に活用するときに、動詞によって**規則変化をする動詞**と**不規則変化をする動詞**があり、**規則変化をする動詞は、原形に -ed を付ければ、「過去形」「過去分詞形」ができますが、不規則変化をする動詞は、その活用形を一つ一つ暗記する必要があります。**（上の表で want は規則変化、go は不規則変化）

この活用形の名前についても、漢字の意味はあてにしない方がいいでしょう。たとえば、If it *rains* tomorrow, I will not go out.（もし明日雨なら外出しません）という文では、明日のことを表すのに rains という現在形が使われていますし、I'm sure she will be *promoted* next year.（彼女は来年きっと昇進する）という来年のことを表す文の中で promoted という過去分詞が使われています。

なお、「**過去分詞**」は英語で past participle ですが、その頭文字をとり、**簡単に p.p. と省略して書かれることがよくあります。**（本書でこれまでにも何度かその省略形を使っています）

さて、よく「原形」と「現在形」って何が違うんだろう？という疑問を持つ人がいます。つまり、英文中に出てきた動詞が原形なのか

現在形なのかどうやって見分けるのか、ということですね。この2つにははっきりした役割の違いがあります。

原形	どのような場合でも絶対に形は変化せず、この形のまま使う。to 不定詞の to の後や、命令文の先頭、助動詞の後などで使う。
現在形	文中で必ず主語を受ける述語動詞として使う。その主語が3人称単数のときは -s がつく。(これがいわゆる、**三単現の s** で、次項で詳しくお話しします)

3　三単現の s

「三単現の s」は、「主語が三人称単数で、動詞が現在形のとき、その動詞の最後につく s (あるいは es)」のことです。以下を見てください。

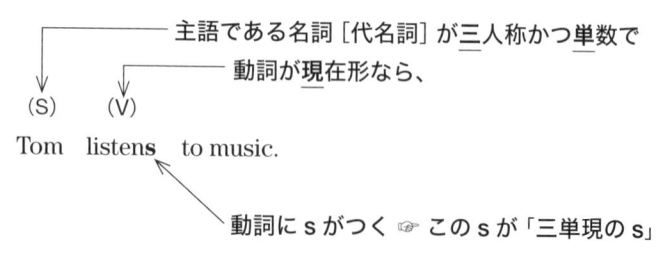

　　　　　　　　主語である名詞 [代名詞] が三人称かつ単数で
　　　　　　　　　　動詞が現在形なら、
(S)　　(V)

Tom　listen**s**　to music.

　　　　　　　　動詞に s がつく ☞ この s が「三単現の s」

この「三単現の s」という用語がわかりづらいのは、「三人称単数」の部分が文の主語のことを指しているのに、「現在形」の部分が動詞のことを指しているからです。「三単・現」とでも区切って表記すれば少しはわかりやすいのに、あたかも「さんたんげん」という1つのまとまりみたいに響くので混乱を招くのでしょうね。

4 一般動詞と be 動詞

これは動詞を分類するときの1つの方法で、「**be 動詞**」(is, am, are, was, were, been, be, being) 以外の動詞 (go, write, speak など) が「**一般動詞**」です。

では、文法書を読んでいて、この用語がどんなときに出てくるのか、1つ例をあげましょう。

(a) I skip breakfast. (私は朝食を抜く)
(b) He is late for school. (彼は学校に遅れる)

この (a) (b) の例文に often (しばしば) という副詞を入れたいのですが、どこに入れたらいいでしょう。文法書で「副詞の位置」というところを調べると、「**頻度を表す副詞**」は、**一般動詞の前、be 動詞の後に置くのが原則**だと書いてあります。そうすると、(a) の動詞 skip は一般動詞ですから、その前に often を置き、(b) の動詞 is は be 動詞ですから、その後ろに置いて、

(a′) I *often* skip breakfast. (私ははしばしば朝食を抜く)
(b′) He is *often* late for school. (彼はよく学校に遅れる)

とすればいいことがわかります。

ちなみに、英文の中で副詞が置かれる位置は、どの語句を修飾しているか、他の語句と対比の有無、といったことも関係するので比較的自由ですが、上にあげたような大まかなルールも存在することは知っておいた方がいいでしょう。

5 動作動詞と状態動詞

「**動作動詞**」というのは、「食べる」(eat) や「書く」(write) のように、「始まりと終わりがある、1回1回の動作を表す動詞」のことです。一方、「**状態動詞**」とは「いったん始まったら、その状態があ

る程度長く続いて、いつもそういう状態である」ことを示す動詞で、代表的なのはbe動詞やknow（知っている）などです。

この2つの動詞の区別は、時制（☞ p.142）の学習において特に重要で、一般的に**動作動詞は進行形になりますが、状態動詞は進行形になりません**。たとえば、haveという動詞は「持っている」という意味のときは状態動詞ですから進行形にできません。

I **have** a brother.　　× I *am having* a brother.
Do you **have** a car?　× *Are* you *having* a car?

ところが、同じ動詞でも、動作動詞の意味で使われているときは進行形が可能になる場合があります。上のhaveも、「食べる」（＝ eat）や「経験する」（＝ experience）の意味のときは進行形にすることが可能です。

I'm **having** lunch with my boss.（今上司と食事中です）
I'm **having** a good time here in Hanoi.
（ここハノイで楽しく過ごしています）

したがって、**あらゆる動詞が動作動詞と状態動詞の2つにはっきりと分かれるわけではありません**。その文脈内での意味も考慮に入れなくてはいけません。

6　代動詞

英語のdo（does, didも含めて）には大きく分けて4通りの使い方があります。まずはそれらをちょっと整理しておきましょう。

① 「する」という意味の動詞のdo

do something（何かをする）
What are you *doing*?（何をしているのですか）

② 疑問文や否定文を作るときに使う do（文法上は助動詞 ☞ p.091）

Do you speak English?（英語を話しますか）
I *don't* go there very often.（そこへそれほどよく行くわけではない）

③ 動詞を強調する do

動詞を〈do, does, did ＋原形〉という形にすることで「本当に、実際に、確かに」といった意味を動詞に添えることができます。

I *do* want to go.（本当に行きたいんだ）
That *does* make sense.（それは本当に筋が通っている）

④ 代動詞の do ☞ これがこの項のテーマです。

A: Do you speak Chinese?（中国語を話しますか）
B: Yes, I *do*.（はい）

B さんの do は「します」という意味ではなく、Yes, I *speak Chinese*. の speak Chinese の部分の反復を避けるために使われています。このような do の使い方を「**代動詞**」といいます。代動詞は元の動詞の目的語も中に含んでいますから、speak だけではなく speak Chinese の代わりであることに注意してください。上の B さんの返事として、× Yes, and I *do* Spanish, too. とはいえません。

7　使役動詞

日本語で「使役」というと、「他人に強制的に何かをさせる」という意味ですが。**英語の「使役動詞」は必ずしも「強制的に…させる」という意味があるわけではありません。**意味だけで分類するなら、「人にむりやり…させる」という意味の force や compel という動詞もすべて使役動詞になってしまいます。（open（開ける）のように、他の物に力が及ぶ動詞まで広く「使役動詞」だと考える専門家もいますが、ここではそれは考えないことにします）

第3章　動詞・助動詞とそれらに関する語

　使役動詞とは「**第5文型で使った場合『他の人・物に…させる』という意味があり、かつ補語（C）が動詞の原形になる動詞**」だと考えてください。ただし、そういう動詞は make, let, have の3つだけなので、「**第5文型で『O に C させる』の意味で使われる make, let, have のこと**」だともいえます。具体的には、以下のような場合の太字の動詞のことです。（イタリックの動詞が C）

(a) My mother **made** me *clean* the room.
　　（母は私に部屋の掃除をさせた）
(b) She **let** her children *play* outside.
　　（彼女は子供たちを外で遊ばせた）
(c) I **had** my brother *carry* the bag.
　　（私は弟にカバンを持ってもらった）

このように定義をすると都合がいい理由を説明しましょう。
　まず、**一般の文法書で使役動詞という用語が出てくるのは第5文型の場合だけです**。make や have を他の文型で使ったときには使役動詞とはいいません。また、第5文型で C が動詞の原形になる動詞（V）でも、see や hear など、いわゆる「知覚動詞」（☞次項）は含みません。（I *saw* a dog cross the street. の saw は「知覚動詞」）さらに、第5文型で「〜に…させる」という意味でも、補語の位置に to 不定詞を使う cause や get などは含まないのがふつうです。
　ただ、教科書や参考書の中には、

(d) Lucy **helped** her mother *prepare* breakfast.
　　（ルーシーは母親が朝食をつくるのを手伝った）
(e) I couldn't **get** him *to go* to bed.
　　（私はその子を寝かしつけることができなかった）

といった第5文型の文の help や get を「使役動詞」に分類しているものもあります。恐らく、(d) は補語の位置に原形を使うから、(e) は「〜させる」という意味を持つから、という理由でそう分類した

のでしょう。ただ、そうすると使役動詞の範囲が広がって定義があきまいになってしまいます。やはり学習上はmake, let, haveの3つだけだと考えた方が一貫性があるように思えます。

8 　知覚動詞

「知覚動詞」とは、see, hear, feelといった「見る、聞く、感じる」などの意味を持つ動詞が第5文型で使われた場合の呼び名で、Cの位置に動詞の原形や分詞が置かれることが特徴の1つです。

I **saw** a slug *crawling* on a leaf.
(ナメクジが葉の上を這っているのが見えた)
I've never **heard** people *say* bad things about the player.
(私はみんながその選手の悪口をいうのを聞いたことがない)
I **felt** someone *following* me.
(誰かが自分の後をつけている感じがした)

なお、知覚動詞と似た概念で「**感覚動詞**」という用語があります。感覚動詞は知覚動詞の1つであるという分類をする人もいますが、一般的には「知覚動詞」＝「感覚動詞」と考えて支障ありません。

9 　句動詞

みなさんが一般に「熟語」と呼んでいるものの中に「**句動詞**」といわれるものがあります。まずはいくつか例をあげましょう。

call on (訪問する)　　　　　　get up (起きる)
look for (探す)　　　　　　　put off (延期する)
speak to (話しかける)　　　　take off (離陸する；〈服を〉脱ぐ)
turn off (スイッチを切る)　　 wait on (給仕する)

これらはみな、動詞と、in, on, up, withといった語(品詞でいう

と副詞または前置詞）がセットになって、1つの動詞のように機能しています。こういう語句をまとめて「**句動詞**」と呼んでいます。句動詞は「句動詞辞典」というものがあるほど数が多く、しかも1つの句動詞はたいてい複数の意味を持っています。句動詞はその成り立ちで分類すると大きく分けて3種類あります。

① 自動詞＋副詞： 自動詞も副詞も目的語が不要ですから、この句動詞全体にも目的語はありません。

> The plane **took off** on time. (その飛行機は定刻に離陸した)
> I usually **get up** at six thirty. (私はたいてい6時半に起きる)

② 自動詞＋前置詞： 前置詞の目的語が後に続き、全体が1つの他動詞と同じような働きをするもの。(以前はこの形を「群動詞」と呼びましたが、今ではそう呼ぶことはあまりありません)

> I've been **wait**ing **for** *this moment*. (この瞬間を待っていました)
> Don't **look for** *me*. (私を探さないで)

③ 他動詞＋副詞： 他動詞の目的語が名詞のときは副詞の前にも後ろにも置けますが、人称代名詞 (it, them など) の場合は、他動詞と副詞の間に挟まれて置かれることに注意しましょう。

> Don't forget to **turn off** *the lights* [**turn** *the lights* **off**].
> (電気を消すの忘れないで)
> We decided to **carry** *it* **out**.　　× carry out it は誤り
> (私たちはそれを実行することにした)

ちなみに、句動詞のことを「**動詞句**」と呼んでいる本もありますが、専門用語としては動詞句は句動詞とはまったく別の概念で、文を〈主部＋述部〉に分けたとき、「述部の中心となる述語動詞と、それと意味的に関連するその右側にある語句をまとめて指す」用語です。紛らわしいのであえて紹介しました。

10 　助動詞

「**助動詞**」と聞くと、can, may, must といった語が頭に浮かぶと思います。まずは主な助動詞をリストアップしてみましょう。

can, could, dare, may, might, must, need, shall, should, will, would,（2語からなる助動詞）had better, ought to, used to

これらは動詞の原形の前に置いて、動詞に意味を添える働きをします。しかし文法書を見ると、次のようなものも助動詞に分類されていることがわかります。イタリックの部分が助動詞です。

① 進行形を作る be 動詞
　　It *is* raining outside.（外は雨が降っている）
② 疑問文、否定文を作るときの do, does, did
　　Do you believe in psychic ability?（超能力を信じますか）
③ 受け身を作るときの be 動詞
　　The die *is* cast.（賽(さい)は投げられた）
　　☞ Caesar が Rubicon 川を渡ったときの言葉
④ 完了形を作るときの have
　　I *have* never eaten oysters.（牡蠣を食べたことが一度もない）

これらは can とか must といった助動詞とは異質な感じがします。そこで専門家は、can, may, will などを「**法助動詞**」と呼んで区別します。この「法」というのは、「人の心理や気持ちを表す」くらいの意味で、「仮定法」という用語の「法」と基本的に同じです。（☞ p.159）　ただ、法助動詞というのは専門的な響きがする上に、上の①〜④は、あえて助動詞だとわからなくても理解できますから、**ふつうは「法助動詞」を「助動詞」と呼んでも問題ありません。**

「法助動詞」（以降、単に「助動詞」と呼びます）の後には、動詞の原形（および、上の①③④のような助動詞 be や have の原形）が来るのが原則です。そこで、

He **must** *have been* tired. (彼は眠かったに違いない)

という文の must have been の部分、すなわち〈must have + p.p.〉の部分を間違っても〈助動詞＋現在完了〉と呼ばないでください。この have は「原形」ですから、〈助動詞＋完了形〉、あるいはそのまま〈助動詞＋ have + p.p.〉といってください。(詳しくは☞ p.154)

ところで、助動詞の中には動詞と同じ形をしたものがいくつかあります。その代表が need (〜する必要がある) です。

Need I say more? (これ以上いう必要がありますか)

これと同じ内容を動詞 need を使っていえば、Do I **need to** say more? となります。このような、同じ形をした動詞と助動詞がある場合、助動詞に対してふつうの動詞の方を「**本動詞**」といって区別することがあります。ただし、この本動詞という用語の定義はかなり広く、上のように使われる以外に、I am studying English. という文の助動詞 am の後にある studying の部分を取り出していう場合などにも使われることもあり、混乱を招きやすい用語です。

さて、助動詞の過去形の用法に以下のようなものがあります。

Could you speak up? (もっと大声で話していただけますか)

このように助動詞の過去形を使うと、控え目で丁寧な響きがします。このような「表現を遠回しにいう用法」のことを「**婉曲的**」(「わんきょく」ではなく「えんきょく」です！) といいます。

助動詞がある文で文型を考えるときは、助動詞は直後の動詞の原形とセットで扱うとわかりやすくなります。次の2つの文を見てください。

(a) He **will** *win* the election. (彼は選挙に勝つ)
(b) He **is likely to** *win* the election. (彼は選挙に勝ちそうだ)

(a) は He (S) will *win* (V) the election (O). という第3文型で

す。(b) は likely が形容詞で、He (S) is (V) likely (C) to ... という第2文型とも考えられますが、He (S) **is likely to *win*** (V) the election (O). のように、is likely to *do* (...する可能性が高い) を1つの助動詞のようにみなして扱う方が都合がいいという考え方があります。このように、ひとまとめにして助動詞として扱われる語句を「**準助動詞**」と呼ぶことがあります。代表的なものは次のようなフレーズです。

> 【主な準助動詞】
> be about to *do*　　（まさに...しようとするところだ）
> be going to *do*　　（...する予定だ）
> be likely to *do*　　（...する可能性が高い）
> be sure to *do*　　（確かに...する）
> be supposed to *do*　（...することになっている）
> come to *do*　　　（...するようになる）
> happen to *do*　　（たまたま...する）
> tend to *do*　　　（...する傾向にある）
> seem to *do*　　　（...するように思われる）
> turn out to *do*　　（...することが判明する）

　なお、どんな語句を「準助動詞」とみなすのかには意見の相違があります。上にあげたリストの中にある語句の一部でも準助動詞とはみなさない、という考え方もありますし、have to を準助動詞の仲間に入れて考える人もいます。

3-2 準動詞

1　準動詞

　「**準動詞**」とは、**不定詞、分詞、動名詞をまとめて呼ぶ言葉**です。そして、この3つをまとめて「準動詞」という名前で呼ぶからには、**ある共通点があるはずで、それがわかればこの3つの理解がぐっと深まる**のです。ここではまずそれを見ておきましょう。

　準動詞の3つの共通点とは「**動詞の働きを残しつつ、もう1つ別の品詞の働きも兼ねている**」ということです。たとえば、play tennis (テニスをする) という表現をベースに、この play に to をつけて不定詞にしたり、-ing をつけて動名詞にしたり、同じく -ing を付けて現在分詞にしてみましょう。

(a) He enjoyed **play*ing*** tennis.　　　　　動名詞
(b) He likes *to* **play** tennis.　　　　　　　to 不定詞
(c) The boy **play*ing*** tennis is my son.　　現在分詞

　(a) の playing は、直前の動詞 enjoyed の目的語になっていますから名詞の役割をしていますが、同時に、後ろに tennis という自分の目的語があるので play という動詞の役割はそのまま残っているといえます (☞彼はテニス (をするの) を楽しんでいた)。(b) の不定詞の例も同じです (☞彼はテニスをするのが好きだ)。(c) の playing は、後ろに tennis という目的語がありますから動詞の働きを残し、かつ前にある boy という名詞を修飾していますから形容詞の働きもしていることになります (☞テニスをしている男の子は私の息子です)。

　では、それらをまとめて一覧表にしてみましょう。この表を見ると、うまく役割が分担されているのがわかります。

	動詞の役割以外に、どの品詞の役割を兼ねているか？		
	名詞	形容詞	副詞
動名詞	◎	×	×
不定詞	◎	◎	◎
分　詞	×	◎	◎（※）

※ 分詞が副詞の役割を兼ねるのは分詞構文の場合だけです。

2　-ing 形の識別

　動詞の -ing 形は、「動名詞」と呼ばれる場合と、「現在分詞」と呼ばれる場合がありますが、その識別が苦手な人も多いようです。実は、この2つの区別も上の表に手がかりがあります。「動名詞」と「分詞」は働きが重複していませんから、-ing 形が、

「名詞」の働きを兼ねていたら「**動名詞**」
「形容詞」「副詞」の働きを兼ねていたら「**現在分詞**」

です。しかし実際には「**動名詞以外は現在分詞**」という消去法的な定義の方が区別しやすいと思います。そのためには動名詞が識別できないといけませんが、以下、具体的に見ていきましょう。

(a) **Playing** the piano is a lot of fun.
　　（ピアノを弾くのはとても楽しい）
(b) One of my hobbies is **playing** the piano.
　　（私の趣味の1つはピアノを弾くことです）
(c) Our son is **playing** the piano now.
　　（うちの息子は今ピアノを弾いています）

　動詞の原形に -ing を付けて、動詞の働きに加え名詞の働きを持たせた形が動名詞で、たいていは「～すること」という日本語に対

応します。「名詞の働き」とは、文中で、主語、動詞の目的語、補語、前置詞の目的語で使われているということです。

(a) は、Playing (S) … is (V) a lot of fun (C) という第2文型で、Playing は主語（＝名詞の働きをしている）なので動名詞です。(b) も、One (S) … is (V) playing (C) という第2文型で、「趣味＝ピアノを弾くこと」という図式が成り立ち、playing は補語（＝名詞の働きをしている）なので動名詞です。一方、(c) で Our son ＝ playing the piano という関係が成り立たないのは、これが Our son plays the piano. という文が現在進行形になったものだからです。**進行形で使われる -ing 形は現在分詞として考えます。**

(d) She loves **playing** the piano.（彼女はピアノを弾くのが好きだ）

(e) He is good at **playing** the piano.（彼はピアノを弾くのが上手だ）

(f) I heard my son **playing** the piano yesterday.
　　（昨日うちの息子がピアノを弾いているのが聞こえた）

playing が、(d) では loves という動詞の目的語に、また (e) では at という前置詞の目的語になっているので、動名詞です。(f) は目的語 my son と補語 playing の間に (c) と同じ関係があるので第5文型ですが、**第5文型の補語の -ing 形は現在分詞です。**

では、上で見た以外で、-ing 形が現在分詞の用例を見ましょう。

(g) Look at the boy **playing** the piano there.
　　（あそこでピアノを弾いている男の子を見てごらん）

(h) She was singing, **playing** the piano.
　　（彼女はピアノを弾きながら歌っていた）

(i) He sang for them with his wife **playing** the violin.
　　（彼は妻のバイオリンの伴奏で彼らのために歌を歌った）

(g) は名詞を修飾する形容詞の働きをしている場合、(h) は分詞構文で使われている場合、(i) は付帯状況の with の構文（☞ p.110）で使われている場合です。

なお、-ing 形が名詞を修飾している（＝形容詞の働きをしている）ときは原則として「現在分詞」なのですが、**物の用途を表す場合は「動名詞」に分類される**のが一般的です。たいていの文法書には次のような言い換えが載っているので、それで説明しましょう。

(j) a *sleeping* baby ≒ a baby *who is sleeping*
(k) a *sleeping* bag ≒ a bag *for sleeping*

(j) は「眠っている赤ん坊」で、上のような書き換えがほぼ成立します。この sleeping は baby を修飾している現在分詞です。ところが (k) は a bag which is sleeping（眠っている袋）という意味ではなく「睡眠用の袋→寝袋」です。上に示したように for を使って書き換えることができ、sleeping の部分はその袋の用途や使用目的を表しています。このような場合、sleeping は動名詞に分類されます。以下、物の用途を表す動名詞の例をあげておきましょう。

【類例】
　a *waiting* room（待つための部屋→待合室）
　a *living* room（暮らすための部屋→リビングルーム）
　a *walking* stick（歩くための杖→歩行杖）
　a *dining* table（ダイニングテーブル）
　a *measuring* cup（計量カップ）
　drinking water（飲料水）
　a *sleeping* pill（睡眠薬）

3　不定詞

「不定詞」という用語はかなりいい加減に使われています。私は中学の英語の授業で、確か次のように習った記憶があります。

〈*to* ＋動詞の原形〉の形を「不定詞」という

しかし、この定義だと「to 不定詞」は〈to + [to +動詞の原形]〉ということになってしまいます。(でもそんな形はありません！)

そこで、ここでは以下のように定義しておきましょう。

〈to +動詞の原形〉の形を「不定詞」と呼ぶ。ただし文法の規則上、to が消える形もあり、**実際には「to がある不定詞」と「to が消えている不定詞」の2つの形が存在する**。この2つを区別するため、前者を「**to 不定詞**」、後者を「**原形不定詞**」(to が消えれば動詞の原形と同じ形になるので) と呼ぶ。

そしてやっかいなことに、「to 不定詞」を英語の教師は単に「不定詞」と呼ぶことが多いのです。以上を整理すると次のようになります。

不定詞	to あり不定詞＝ **to 不定詞**
	(※ 単に「不定詞」と略していうことも多い)
	to なし不定詞＝**原形不定詞**

ちなみに、大学レベルの英文法では、I can *go* there. の go や He made me *go* there. の go のような動詞の原形 [原形不定詞] のことを不定詞と呼ぶ場合もありますが、この本は一般の読者の方を対象にしていますから、紹介するにとどめておきます。

4　不定詞の〇〇用法

不定詞の学習で必ず出てくるのがこの「不定詞の〇〇用法」(または「〇〇用法の不定詞」) という用語で、「**名詞用法**」「**形容詞用法**」「**副詞用法**」の3つがあります。(「名詞的用法」のように「的」という字を入れる場合もあります)

p.094で見たように、不定詞は準動詞の1つですから、動詞以外にもう1つの品詞の役割を兼ねています。たとえば、to write という不定詞を使った次の例を見てください。

(a) It is hard **to write** with your non-dominant hand.
（利き腕でない方の手で書くのは難しい）

(b) I have some important letters **to write**.
（書かなければいけない重要な手紙がいくつかある）

(c) **To write** a good story you must read a lot.
（よい物語を書くためには本をたくさん読む必要がある）

　(a)〜(c)で使われているすべての to write には「書く」という意味がありますが、それに加えて、どんな品詞の役割を兼ねているのかを示すのが「○○用法」という用語です。(a)の to write は形式主語 It の指す真主語（☞ p.077）の役割をしていますから名詞用法、(b)の to write は直前の letters という名詞を修飾しているので形容詞用法、(c)は「ために」という目的を表す副詞用法です。

　ただし、すべての不定詞がこの3つの用法のどれかにすっきりと分類できるわけではありません。たとえば、次のような英文が研修などの修了証書によく書かれています。

This is *to certify* that Mr./Ms. 〜 has successfully completed ...
（これは〜（氏名）が...（課程）を無事に修了したことを証明するものである）

　この to certify は This（この証書）＝ to certify（証明すること）というイコール関係が成り立ちませんから名詞用法ではありません。is の補語になっている特殊な形容詞用法だという人もいれば、目的を表しているから副詞用法だという人もいます。このようなあいまいな場合もあるということも頭の隅に入れておいてください。

　ちなみに、この「不定詞」という名前の由来ですが、専門書にはたいてい次のような説明が載っています。

「*ラテン語やギリシャ語は主語の人称や時制が決まると、動詞の形が1つに定まる。ところが現代の英語は、主語の形が決まって*

も、動詞の形は同じ (I go, you go, ...)、つまり定まらない。だから『不定詞』という」

私は最初この説明を読んだとき、さっぱりわけがわかりませんでした。だって「定まらない」って書いてありますけど、「原形」に定まっているじゃないですか！（…と思った人は私以外にもいるのではないでしょうか）　実はこの「不定」というのは英語で「不定詞」を表す infinitive、さらにさかのぼるとラテン語の infinitivus (限定されていない) という文法用語を訳した言葉で、日本語で普段使われる「不定」という語とは意味が違うのです。やはり漢字をあてにして用語の意味を考えてはいけませんね。

5　動名詞か不定詞か

「〜すること」を表すのに、動名詞を使っても、名詞用法の不定詞を使っても意味がほとんど変わらない場合があります。

It began **to rain**. = It began **raining**. (雨が降り出した)

一方、動詞の語法によっては、to 不定詞か動名詞かどちらか片方しか使えない場合も存在します。

グループ ①：to 不定詞は使えるが動名詞は使えない例
　○ I hope **to see** you soon. (また近々会えればと思います)
　× I hope **seeing** you soon.
グループ ②：動名詞は使えるが to 不定詞は使えない例
　○ We enjoyed **shopping** last night. (昨夜買い物を楽しんだ)
　× We enjoyed **to shop** last night.
グループ ③：to 不定詞も動名詞も使えるが、意味が異なる例
　I forgot **to take** the medicine. (私は薬を飲み忘れた)
　I forget **taking** the medicine. (私は薬を飲んだことを忘れた)

このグループ②で使える動詞を覚えるのに、「**メガフェップス**」という語呂合わせがあります。これは、この用法で使う以下の動詞の頭文字をつなげたものです。

mind (気にする), **e**njoy (楽しむ), **g**ive up (断念する),
avoid (避ける), **f**inish (終える), **e**scape (免れる),
practice (練習する), **s**top (止める)
(※ 調べてみると、このリストは、pが、practiceではなくput off (延期する) などさまざまなバージョンがあるようです)

なお、この不定詞と動名詞の違いを説明するのに、「**未来志向**」という用語がしばしば使われます。「to不定詞のtoは『方向』を表し『これから (将来に向かって) 〜すること』という『未来志向』を表し、一方、動名詞は『現実に〜した [している] こと』を表す」といった類いの説明です。もちろん、このような考え方ですべてが例外なく説明できるわけではありませんが、やみくもにひたすら暗記するよりは、そうした目で動詞と不定詞の相性を考えておくのも英語の感覚を養う上で重要なことではないかと思います。

6　代不定詞

まずは次の英文を見てください。

You can *eat the seeds* if you want **to eat them**.

これは「その種を食べたければそれを食べられます」という日本語訳と同じで、文末のeat themが前半のeat the seedsのほぼ繰り返しでくどい響きがします。そこで、このような場合、**toだけを残してその後ろの部分を省略して**、

You can eat the seeds if you want **to**.

とする方法があります。toだけ残すことで、「省略に気づくように

中途半端に終わらせましたから、前に出た語句を補って理解してください」というメッセージが伝わるのです。このように**不定詞の to だけ残して動詞以降を省略した形を「代不定詞」**といいます。代不定詞は、

"Could you help me?"（手伝っていただけますか）
"I'd be happy **to**."（喜んで）　☞ to = to help you

のように対話の返事で用いられることもありますし、

Without meaning **to**, she sighed.
（そのつもりはなかったが、彼女はため息をついた）　☞ to = to sigh

のように後で出る語句を先取りした上で省略する場合もあります。（この英文を「意味もなく、彼女はため息をついた」と訳した人がいました。きっと Without meaning の部分だけを見てそう勘違いしたのでしょうね...）

なお、to の後に be ...が続く形を代不定詞にするときは、**be は省略せずに残す**ことになっています。

You can be anonymous if you want **to *be***.
（希望すれば名前を伏せておくこともできます）
☞ to be = to be anonymous

7　分離 [分割] 不定詞

まずは次の3つの例文を比べてみてください。

(a) I forgot to close the door **completely**.
(b) I **completely** forgot to close the door.
(c) I forgot to **completely** close the door.

(a) の文は「私は完全にドアを閉めるのを忘れた」ということで

すが、文末の completely（完全に）が、forgot にかかって「完全に忘れる」という意味なのか、close にかかって「完全に閉める」という意味なのかあいまいです。そこで、forgot という動詞を修飾していることをはっきりさせたければ、(b)のように forgot の前に置くことでそのあいまいさが回避できます。

では、後者のように close という動詞を修飾していることをはっきりさせるためには、どこに completely を置いたらいいでしょう。もちろん close *completely* the door とすることも可能ですが、他動詞と目的語の間に副詞を割り込ませるのはあまり好ましい形とはいえません。そこで、close の直前に置くと (c) のような形になるわけです。この形は、不定詞の to と動詞の原形が、副詞が割り込むことによって離れてしまっています。そこで、このような形は「**分離不定詞**」または「**分割不定詞**」と呼ばれます。

分離不定詞が使われるのは、不定詞で使われている動詞の目的語が長く、その後に副詞を置くと修飾する動詞と離れてしまうのを避けるため、to と動詞の間に副詞を閉じ込めて、その副詞が直後の動詞にかかることを明確にしたいときなどが多いようです。この形は昔から「文体的に好ましい形ではない」と批判する人もいるのですが、英文を読んでいると結構頻繁に出てくる形です。

8　独立不定詞

「独立不定詞」というのは to 不定詞を使った慣用句のことで、代表的なものに、次のようなものがあります。

to tell the truth（本当のことをいうと）
needless to say（いうまでもなく）
to begin with（まず最初に）
to make matters worse（さらに悪いことには）

こうしたフレーズは、文の前置きなどに使われたり、挿入句とし

て文中に置かれたり、あるいは、ひと言添えたりするのに使われます。「**不定詞の独立用法**」とも呼ばれます。

9 　be to 不定詞

　これは be 動詞の後に to 不定詞が置かれた形のことで、文の述語動詞の位置で1つの助動詞のような働きをします。意味は (文法書によって多少の違いはありますが)「**予定・義務・可能・運命・意志**」と分類するのが一般的です。

(a) The foreign minister **is to** visit Southeast Asia.
　　(「予定」の意味:「外務大臣は東南アジアを訪問予定である」)
(b) Not a soul **was to** be seen on the street.
　　(「可能」の意味で was to = could だと考える:「通りには誰の姿も見えなかった」)
(c) If you **are to** succeed you must try harder.
　　(「意図」の意味:「成功したいと思うならいっそう努力しなさい」)

ただし、次の文を (a) と比較してみてください。

(d) Our plan *is to* visit Southeast Asia.
　　(私たちの計画は東南アジアを訪問することだ)

この文の is to visit は見た目は (a) と同じですが、be 動詞の後に to 不定詞があっても、いっしょになって助動詞のような意味を表しているわけではなく、

Our plan　is　to visit Southeast Asia.
　S　　　 V　　　　C

という第2文型の形になっており、to visit は不定詞の名詞用法 (☞ p.098) です。このような形は be to 不定詞とは呼ばないので注意してください。

10 意味上の主語

　文中で、動詞には必ずその動作を行っている (または、そういう状態である)「人」や「物」があるはずです。たとえば、go there (そこに行く) というフレーズがあったら、その「そこに行く」という動作を行う人や物がいる［ある］はずです。では、以下の4つの文を見てください。

(a) I **go there** every day.
(b) I want to **go there** every day.
(c) I want you to **go there** every day.
(d) It's difficult to **go there**.

　(a) の go there という動作をするのは主語の I ですね。(b) も「私は毎日そこに行きたい」という意味から、go there という動作をするのは文の主語 I です。(c) は I (S) want (V) you (O) to go (C) ... という第5文型で、「私は<u>あなたにそこに行って</u>もらいたい」という意味ですから、補語の位置にある不定詞の go there という動作を行うのは目的語の you です。

　このような説明をする場合、動作を行う主体を単に「主語」と呼ぶと、それが「文の主語」なのか、「不定詞の主語 (にあたる語句)」なのか紛らわしいので、それを区別するために、文全体の V (述語動詞) の動作をする人・物は「(文の) 主語」と呼び、**準動詞 (不定詞、分詞、動名詞) の動作をする人・物を「意味上の主語」と呼び分け**ることにしています。

　意味上の主語はいつも書かれているとは限りません。次のような場合は意味上の主語を書かないことになっています。

① 意味上の主語 ＝ 文の主語
② 意味上の主語が一般の人
③ 意味上の主語が文脈や常識から明らか

①の例はすでに上の例文 (b) で見ました。to go there の意味上の主語は文の主語と同じ「私」なので to go there の直前に意味上の主語は書かれていません。②の例は上にあげた例文 (d) のような場合で、誰がやっても「そこに行くのが難しい」という意味です。③の「文脈・常識から明らか」というのは次のような場合です。

A: Hi, I'm Steve.
B: Hi, I'm John. Nice **to meet you**.

Bの「お会いできて嬉しいです」の to meet you（あなたに会う）という動作をするのは「私」であることは明らかです。こういう場合にも意味上の主語は表現されません。

さて、次に動名詞や分詞の意味上の主語も見ておきましょう。

(1) 動名詞の意味上の主語

動名詞の意味上の主語は次のように書き表します。

① **人称代名詞**：所有格が原則だが、目的格も使われる。

My wife insisted on *my* [*me*] **seeing** a doctor.

（妻は私に医者に診てもらうよう強く勧めた）

② **人**：本来は's（アポストロフィs）を付けるのが原則だが、実際にはそのままの形でも使われる。

He is proud of *his daughter's* [*his daughter*] **having won** first prize.

（彼は娘が1位を取ったことを誇りに思っている）

③ **物**：そのままの形

They complained of *the work* **being** too hard.

（彼らはその仕事がきつすぎると文句をいった）

※ ②③の「そのままの形」とは厳密には名詞の目的格（☞ p.073）

(2) 分詞の意味上の主語

分詞が名詞を修飾している場合は、その修飾している名詞が意味

上の主語であることが原則です。

The *woman* **standing** over there is the manager.
(あそこに立っている女性は課長です)
☞ stand しているのは修飾している the woman
Swahili is a *language* **spoken** in many African countries.
(スワヒリ語は多くのアフリカの国で話されている言語です)

なお、分詞構文では、その意味上の主語は主文の主語と一致していれば書かれず、異なる場合は独立分詞構文で表されます。(☞ p.108) また〈with A + B〉という形の付帯状況の構文では、Bの位置に来る分詞の意味上の主語はAになります。(☞ p.110)

11　分詞形容詞

次の例文を見てください。

(a) He was arrested. (彼は逮捕された)
(b) He was tired. (彼は疲れていた)

どちらも〈was + -ed〉の形ですが、(a) の arrested は arrest (逮捕する) の過去分詞で受動態の文です。(b) の tired は「疲れて」の意味の形容詞ですが、実は (b) も元は tire (〈人〉を疲れさせる) という他動詞を使った文の受動態で「彼は疲れさせられた」という意味だったのです。現在では tired が形容詞として定着し、(b) の文が受け身だとは感じられません。このように、**現在分詞や過去分詞だったものが、形容詞として定着したものを「分詞形容詞」**と呼んでいます。よく使う分詞形容詞の例をいくつかあげておきましょう。

① 現在分詞に由来するもの
boring (退屈な) / interesting (興味深い) / exciting (興奮する) / surprising (驚くべき)

② 過去分詞に由来するもの
annoyed（いらいらした）/ excited（興奮した）/
disappointed（がっかりした）/ interested（興味のある）/
spoken（口語の）/ surprised（驚いた）/ tired（疲れた）

12　分詞構文

　「分詞構文」がどんなものかイメージをつかんでもらうために、まずは日本語で説明します。たとえば「彼は私を見た」という文と「彼は走って逃げた」という文を、第1文の「見た」という動詞を変化させて第2文につなぐのに、「見た」を「見て」に変えて「彼は私を見て…」とすれば後半とつながります。では、同じことを英語でやってみましょう。

「彼は私を見た」は　　He saw me.
「彼は走って逃げた」は　He ran away.

　この第1文の saw を変化させて2つ目の文につなぐ…そう、それをするのが分詞構文です。**分詞構文とは、接続詞を使わずに、文の動詞部分を分詞（現在分詞）に変えて、別の文とつなげるための形**です。（分詞構文をつなげる相手の文のことを「**主文**」と呼びます）
上の He saw me. という文を分詞構文にするには、

　　主語 He　➡　主文の主語も同じ He なのでカットする
　　動詞 saw　➡　現在分詞、つまり seeing に変える

それ以外の部分はそのままです。（大文字を小文字に変えたり、ピリオドをカンマに変えたりといった微修正は必要ですが…）
　そして、できあがった形が次の文です。

Seeing me, he ran away.

Seeing me の部分が分詞構文、he ran away が主文です。分詞構文の意味は、しばしば「時、理由、条件、譲歩、付帯状況」のように分類されますが、実際には日本語の「〜して」のようなあいまいな意味であることが多いので、主文との関係で訳語を考えればいいでしょう。

　さて、「saw を seeing に変えるとき、saw が過去形であることは考えなくていいの？」と思った人もいるでしょう。分詞構文は主文と合体させるのに、余計な語を使わずシンプルな形にするのです。時に関しても、**主文の表している時とほぼ同時なら現在分詞にする**、という約束があります。主文の ran away の部分を見れば、全体が過去に起こったことなのは明らかですから、seeing をそれ以上複雑な形にする必要はない、ということです。

　「じゃあ、時間がずれているときは？」という疑問が当然わくでしょう。たとえば次の2つの文をつなげる場合です。

(a) He *lost* his wallet yesterday.（彼は昨日財布をなくした）
(b) He *has* no money with him now.（彼は今お金が手元にない）

　この場合 (a) を Losing his wallet …とすると、(b) の has と同じ「現在」を表してしまいます。こういうときは、財布をなくしたのが主文より前であることを表すのに、〈having + p.p.〉という形を使って、

Having lost his wallet yesterday, he *has* no money with him now.

とします。この〈having + p.p.〉という形が使われた分詞構文のことを「**完了形分詞構文**」（または「**分詞構文の完了形**」）といいます。

　それからもう1つ。これまでの例では、2つの文の主語が同じだったので、分詞構文を作るときに片方をカットしましたが、次のように2つの文の主語が違うときはどうするのでしょう。

(c) The weather was nice.（天気がよかった）
(d) We decided to walk to the nearby park.
   （私たちは近くの公園まで歩くことにした）

(a) の主語 The weather は (b) の主語 We と違いますから、消さずに残しておきます。そして、動詞 was を現在分詞 being に変えて、

The weather **being** nice, we decided to walk to the nearby park.

とします。このように、**分詞構文の前にその意味上の主語が置いてある形のこと**を「独立分詞構文」といいます。

13　付帯状況

まずは、この「付帯状況」という言葉自体の説明から始めましょう。次の表でイメージをつかんでから下の説明を読んでください。

	オマケの出来事 (B) = 付帯状況	中心となる出来事 (A)
①	ラジオを聞きながら	彼は車を運転していた
②	目を閉じて	私は音楽を聞いていた
③	口に食べ物を入れたまま	しゃべるな
④	妻が浜辺から私を見ていて	私は1人で泳いでいた

①〜④で、(B) は (A) のオマケの出来事というイメージがつかめましたか？　このように、**ある中心となる出来事 (A) と同時に、別の出来事 (B) が起こっているとき、(B) を (A) の「付帯状況」**といいます。この「付帯状況」を表すのに、英語にはいくつか表現方法があります。

(1) 分詞構文を使う

①は分詞構文を使って表すことができます。分詞構文は通常、文章で使われますが、この用法では会話でも使われます。

He was driving a car, **listening** to the radio.

(2) 前置詞 with を使う

②〜④は、前置詞 with の後に「〜が…の状態で」という2つの要素を置いて次のように表せます。この用法の with を「**付帯状況の with**」といいます。

② I was listening to music **with** my eyes *closed*.
③ Don't speak **with** your mouth *full*.
④ I was swimming alone **with** my wife *watching me from the shore*.

ところで、文法書で分詞構文の「付帯状況」の例を見ると、「えっ、これも付帯状況？」と思える用例も載っています。

⑤ The train left Tokyo at noon, **arriving** at Osaka at three.
（その電車は正午に東京を出発し、大阪に3時に着いた）
⑥ Two cars collided, **resulting** in the death of one of the drivers.
（2台の車が衝突し、その結果、運転手の1人が死んだ）

⑤は電車の発着の場所が違う上に3時間の時差があります。⑥の分詞構文は、主文の結果を表しています。and を使って次のようにしても、ほぼ意味は変わりません。

⑥′ Two cars collided, *and that* **resulted** in the death of one of the drivers.

ですから、分詞構文の分類上の「付帯状況」は「時、理由、条件、譲歩のどれにも入らないものをまとめた呼び名」くらいに思ってお

けばいいでしょう。

14　主語と述語の関係

まず、次の第5文型の文を見てください。

I found the book interesting.
（その本は読んでみたら面白かった）

この文の「主語と述語（動詞）」は I (S) found (V) ですが、第5文型ですから目的語 (O) と補語 (C) の間にも「〜は…である」という SV のような意味関係があります。つまり、この英文は次のように感じられるのです。

　S　　V　　　O　　　　C
　I found { the book interesting }.
　　　　　　　　‖
　　　　　　The book was interesting.

このように文の SV 以外の場所で、**語句と語句の間に「主語―述語」のような意味関係があるとき、「主語と述語の関係がある」**といいます。記号では、「〜に準じるもの」（文の SV ではない）を表すために、S'P' のように右肩に点を打って書くことがあります。（P は predicate（述語）の略）

「X と Y の間には主語と述語の関係がある」という言い回しは、上にあげた第5文型の場合以外でも、準動詞の意味上の主語（☞ p.105）、with を使った付帯状況（☞ p.111）、独立分詞構文（☞ p.109）の説明など、さまざまな分野で使われます。また、この「主語と述語の関係」（及びそれを含む構文）のことを、**ネクサス**とか「ネクサスの関係」と呼ぶことがあります。

第4章

句・節・文

a lot of books on the desk という英語を見たとき、これを、a / lot / of / books / on / the / desk とバラバラにとらえる人はいないでしょう。おそらく、a lot of books / on the desk. のように意味のカタマリごとに認識するはずです。この「意味を持った単語の集まり」のことを「句」とか「節」と呼んでいます。しかも、句や節にもいろいろな呼び名があって、文法書には「副詞句」とか「主節と従属節」とか「名詞節」といった用語があふれています。ここではそうした用語を1つ1つ解説していきましょう。

4-1 前置詞と句

1 前置詞の目的語

「前置詞」が、at, by, of, on, with のような語だということはよくご存知だと思います。ところで「前置詞」を漢字で書くと「前に置く詞」となりますが、「前」って「何の前」に置くのか考えたことがありますか？

答えは「名詞」です。つまり裏を返せば、**「前置詞」の後には名詞（または、それと同じ働きをする語）が来ます。**たとえば、

- 前置詞＋名詞：**on** the desk, **in** the room, **with** my friends
- 前置詞＋代名詞：**for** him, **without** you, **between** you and me

動詞を置くときは動名詞に変えて置きます。

- 前置詞＋動名詞：**after** eating, **without** saying good bye

この、前置詞の後ろにおいてその前置詞とペアを組む（これを「句を作る」といいます☞ p.116）語句のことを**「前置詞の目的語」**といいます。上の on the desk だと「the desk は前置詞 on の目的語」です。そして前置詞の後ろに代名詞を置くときは**「目的語だから目的格にして置く」**という理屈がわかれば、between you and *me*（ここだけの話ですが）という慣用句で、主格 I ではなく目的格 me が正しいことがわかるでしょう。

前置詞には目的語が必要ですから、目的語がなければ前置詞でないことになります。次の例文で、since は (a) では前置詞、(b) では副詞です。

(a) I haven't heard from him **since** *last Friday*.
（この前の金曜日以来彼から連絡がない）
(b) I haven't heard from him **since**.
（それ以来彼から連絡がない）

もちろん前置詞の目的語が他の場所に移動していたり、ルール上省略されていたりする場合もあります。たとえば、

What are you looking **for**?（何を探しているの？）

の文末にある前置詞 for の目的語は文頭にある What ですし、

This album is worth listening **to**.（このアルバムは聴く価値がある）

の文末にある前置詞 to の目的語は、ルール上、文の主語と同じ語句を補って考えることになっているので書かれていません。

また、複数の語句がまとまって1つの前置詞として働く場合は「**群前置詞**」と呼ばれることがあり、以下がその代表例です。

as to ...（...に関して）/ according to ...（...によれば）/
because of ...（...が理由で）/ due to ...（...が理由で）/
instead of ...（...の代わりに）/ in spite of ...（...にかかわらず）/
owing to ...（...が理由で）/ regardless of ...（...とは関係なく）/
thanks to ...（...のおかげで）

2　二重前置詞

次の例文を見てください。

A cat came out <u>from</u> **under** the desk.

この文が「猫が机の下から出てきた」という意味であることはすぐにわかります。ただ、from という前置詞の後に under という別

の前置詞が並んでいるのがちょっと気になりますね。この from 以下を文法的に説明すると次のようになっています。

```
  前置詞  ＋     目的語
  from     { under    the desk }
           前置詞  ＋  目的語
```

このとき、見た目は from と under という前置詞が2つ並んでいるので、このような形を「**二重前置詞**」と呼んでいます。ただ**二重前置詞で使える前置詞はある程度決まっていて**、1つ目の前置詞は、以下のようなものなどが多いようです。濫用は避けた方がいいでしょう。

① 「〜から」「〜まで」を表す語 (from, till, until など)

wait **until** *after* the meeting (会議後まで待つ)

② except (〜を除いて) や instead of (〜の代わりに) など「除外・代替」を表す前置詞 (句) の後

Do not use the telephone **except** *in* an emergency.
(緊急時以外には電話を使わないでください)
She traveled by train **instead of** *by* plane.
(彼女は飛行機の代わりに電車で移動した)

3 句と節

「句」と「節」はどちらも意味を持ったカタマリですが、次のような違いがあります。

- 句： SV (主語と述語動詞) を含まない
- 節： SV を含む

たとえば、a lot of や on the desk は SV がないので「句」です。

また、以下のイタリックの部分は「節」です。

(a) *When I was young*, I lived in Kofu.
  (若かった頃、甲府に住んでいた)
(b) I can't imagine *how the magician did the trick*.
  (その手品師がどのようにそのトリックを行ったのか想像もつかない)
(c) I'm looking for a book (*which*) *you told me about*.
  (君が教えてくれた本を探している)

「節」は SV がそろっていれば、完全な文の形で終わっていなくてもかまいません。たとえば、上の (c) の which で始まる節 (関係詞節 ☞ p.168) は前置詞 about の後ろに目的語がありませんが、you told と SV がそろっているので、which から about までが「節」になるのです。

なお、上で「意味を持ったカタマリ」(意味のカタマリ)という語を使いましたが、リーディングやスピーキングの指導をする上で、ネイティブスピーカーが1つのまとまった意味だと感じる語句の集まりを最近では「**チャンク**」と呼ぶ場合があります。これは、従来の教育では、読解や作文で英語を1語1語分解して考える場合が多かったことに対して、「ネイティブスピーカーは英文を読んだり話したりするとき、そんなにバラバラに細かく分けてとらえていないのだから…」という発想から生まれた用語で、句や節とはまた別の概念です。たとえば、listen to は1つのチャンク、How are you? も1つのチャンクです。

4 形容詞句と副詞句

句は文の中での役割で「**名詞句**」「**形容詞句**」「**副詞句**」の3つに分けることができます。まずは名詞句の例を見てみましょう。

a book / a lot of comic books / traditional Japanese music

名詞句は原則、名詞の前に形容詞や冠詞などが付いたもので、全体が1つの名詞として働き、主語や目的語として使うことができます。しかし、英文を読んでいて「これは名詞句かどうか」といったことが問題になることはまずありません。

　それに対して、これからお話しする「**形容詞句**」と「**副詞句**」の**区別は重要**です。名前からわかるとおり、「形容詞句」は形容詞の、「副詞句」は副詞の働きをしているわけですから、

- 形容詞句： 名詞を修飾している
- 副詞句：　名詞以外を修飾している

ということになります。具体的に例文を使って説明しましょう。

　次の2つの文のイタリックの部分を比べてみてください。

(a) She put the apple *on the table*.
(b) She ate the apple *on the table*.

　2つの on the table は形容詞句でしょうか、副詞句でしょうか？

　(a) は「彼女はテーブルの上にそのリンゴを置いた」という意味で、on the table (テーブルの上に) は動詞 put (置いた) にかかっていますから「副詞句」です。

　(b) はどうでしょう？　この文は「彼女はテーブルの上のリンゴを食べた」ですから on the table は直前の the apple という名詞にかかる「形容詞句」です。ところが、気づいた人もいるでしょうが、この (b) には実はもう1つ読み方があるのです。そう、「彼女はテーブルの上でリンゴを食べた」(行儀が悪い！) です。現実にはこういった状況はあまりなさそうですが、文法的にはそういう読み方は可能です。この場合、on the table は ate にかかりますから「副詞句」です。つまり、この (b) の英文は意味の解釈によって、on the table が形容詞句にも副詞句にもなりうるのです。(ちなみに (a) の on the table が形容詞句だすると「テーブルの上のリンゴを置いた」とわけのわからないことになるので、その解釈は不可能です)

5 前置詞句、ほか

句は先ほどのように、文中での働きで「名詞句」「形容詞句」「副詞句」と分類するのとは別に、その先頭にある語句で分類する方法があります。たとえば、

- *on* the table, *for* me などは、前置詞が先頭にあるから「**前置詞句**」
- *to go* to bed, *to enjoy* tennis などは、不定詞が先頭にあるから「**不定詞句**」

このように考えると、他にも「**動名詞句**」や「**分詞句**」などがあります。これらは見た目での分類ですから、先ほどの文中での働きによる分類としっかり区別する必要があります。

Put it *on the desk.*（それを机の上に置きなさい）という文の on the desk は、見た目は「前置詞句」で働きは「副詞句」。The girl *playing the violin* is her daughter.（バイオリンを弾いているのは彼女の娘です）の playing tennis は、見た目は「分詞句」で働きは「形容詞句」です。

なお、「句」という語を使う用語に「句動詞」がありますが、それは p.089 で説明しました。また、ここでは「句」の分類方法をお話ししましたが、「節」の分類については p.129 にまとめてありますのでそちらを参照してください。

4-2 接続詞と節

1 等位接続詞

英語には次の2種類の接続詞があります。

① 等位接続詞
② 従属［従位］接続詞

これらについて、まず①の「等位接続詞」から解説しましょう。

こちらは、日本語の「接続詞」という言葉のイメージに近い語で、and, but, or などがこれに該当します。この**等位接続詞の特徴は、必ずつなぐものの真ん中に置いて使う**、ということです。そして名前が「等位」というくらいですから、「**同じ資格を持った語句を並べる**」のが原則です。たとえば、

- 名詞と名詞：*supply* **and** *demand*（需要と供給）
- 形容詞と形容詞：a *long* **and** *winding* road（長くて曲がりくねった道）
- 副詞と副詞：speak *slowly* **and** *carefully*（ゆっくりと注意深く話す）
- 動詞と動詞：*eat* **and** *drink*（食べて飲む）
- 句と句：*For here* **or** *to go?*（ここで食べますか、持ち帰りにしますか）
- 節と節：The child said *that he was lost* **and** *that he was hungry.*（その子は道に迷っていてお腹がすいたと言った）
- SVO と SVO：*I love her* **but** *she doesn't love me.*（僕は彼女が好きなのに彼女は僕を好きじゃない）

and を使った慣用表現に、both A and B（A と B 両方とも）があります。つきつめれば A and B ということですが、これに both という語を加えて「両方とも」「どちらとも」という意味を強調していま

す。この both ... and のように、離れたところにある語句が関連しあって熟語的な表現を作っている場合、それを「**相関語句**」といい、その中で全体が接続詞の役割を果たすものを「**相関接続詞**」と呼び、次のようなものがあります。

both A and B（AもBもどちらも）
not only A but also B（AだけでなくBも）
either A or B（AかBかどちらか）
neither A nor B（AもBもどちらも...ない）

これらは等位接続詞をベースとしたものですが、次の項で述べる従属接続詞をベースにした、次のようなものも相関接続詞の仲間に入れて考える場合もあります。

so ... that ~（とても...なので~）
as ... so ~（...のように~）
whether A or B（AであろうとBであろうと）

2　従属接続詞

「従属接続詞」（「等位接続詞」にそろえて「<u>従位接続詞</u>」と呼ぶ人もいますが、本書では「**従属接続詞**」と呼ぶことにします）は「等位接続詞」とはまったくタイプの違う接続詞です。まず、従属接続詞にはどんなものがあるか代表的なものを見てみましょう。

after, although, as, because, before, if, since,
that, though, unless, until, when, whether, while

どれもよく見かけるものばかりですね。これらの共通点は、

① 後ろに完全な形をした SV を置く
② その SV といっしょに「従属節」を作る

ということです。「従属節」をまとめるから「従属接続詞」という名前だと考えればいいでしょう。例文で確認しておきましょう。

(a) Look both ways **before** you cross the street.
 (道を渡る前に左右を見なさい)
(b) **When** I was a child, I believed in Santa Claus.
 (子供の頃はサンタを信じていた)
(c) I know **that** he hates me.
 (彼が私のことを嫌いなのはわかっている)
 (※上の例文で従属節以外の節は「主節」と呼ばれますが、それについては次項で扱います)

この従属接続詞の中には、特に以下のような名前で呼ばれるものがあります。

(1) 群接続詞：複数の語がまとまって1つの接続詞として機能するものをいう。

(d) Call me **as soon as** you arrive at the airport.
 (空港に着いたらすぐに電話をください)
(e) It will be dark **by the time** we get there.
 (私たちがそこに着くころまでには暗くなっているだろう)

(2) 転用接続詞：本来は接続詞ではなかった語が、接続詞として使われるようになったものをいう。

(f) **The moment** I heard the voice, I knew it was Annie.
 (その声を聞いた瞬間、アニーだとわかった)
(g) You can retake the exam **provided** you pay the fee each time.
 (毎回料金を払うなら再受験が可能です)

(f) は the moment（瞬間）という名詞が、(g) は provided（与えられた）という過去分詞が、それぞれ接続詞として使われるように

なったものです。なお、以下のような用法の now は、「now that という群接続詞の that が省略された」と考えることもできますし、「now が接続詞の機能を帯びて転用接続詞として使われるようになった」と考えることもできます。

Now they are divorced, they can both live their lives the way they want to.
（彼らは離婚したので、2人とも自分がしたいような暮らし方ができる）

ところで、これらの「従属接続詞」は「接続詞」という名前がついていますが、何と何をつないでいるのでしょうか？ それを知るためには、まず「従属節」というものをしっかり理解する必要がありますので、次はそのお話をしましょう。

3　主節と従属節

この「主節」と「従属節」という用語は、聞いたことがある人が多いのではないでしょうか？（なお「従属節」を「**従節**」と呼ぶ人もいます）　日本語でも「主従関係」というくらいですから、この2つも「主節の方はいわば一家の主人で、従属節の方はそれに従い属している、まあ家来みたいなものかな」といったイメージを持っている人が多いでしょうし、そのイメージはおおよそ当たっています。しかし問題はその先です。**節を見たとき、それが主節なのか従属節なのか、何を基準に見分けるのでしょう。**たとえば、次の例を見てください。それぞれの文の中のどこからどこまでが従属節なのかわかりますか？

(a) I waited for him but he didn't come.
(b) Though I waited for him for hours, he didn't come.
(c) Do you know the hotel where he is staying now?
(d) How do you know he didn't come?

第4章 句・節・文

　まず (a) ですが、(a) には主節も従属節もありません。この文には I (S) waited (V) と he (S) didn't come (V) という2組のSVがあり、真ん中にある but で左右が結ばれています。でも but は先ほど見たとおり**等位接続詞**で、**両側にある2つの語句を対等の関係で並べる働きをする接続詞**です。「対等の関係」で並べるわけですから、その両側の語句の片方が主人で片方がその子分…といった構文上の優劣はありません。では両方とも主節なのか、と思う人もいるでしょう。でも、子分や家来のいない人を親分といわないのと同じで、「主節」という概念は「従属節」（以下で説明します）というものがあって初めて成り立つものです。この (a) には**従属節がないから主節もない**と考えるのが一般的です。

　では (b) を見てみましょう。この文にも (a) と同じSVが2組あって、意味的に次のように2つの部分に分けられます。

Though I waited for him for hours　　— (A)
he didn't come　　　　　　　　　　— (B)

　この (A) と (B) をつないでいるのは (A) の先頭にある though という従属接続詞です。**従属接続詞がついている方が従属節**で、先頭に何もない he didn't come の方が主節です。(A) の方が長いから…などと節の長さで決めてはいけません。

　(c) の文も2つの部分に分けると、

Do you know the hotel　　— (C)
where he is staying now　— (D)

となります。(D) は**先頭に関係詞 (where) がついていますから従属節**です。

　(d) ですが、これも SV が2組あり、意味の切れ目を考えて、

How do you know　— (E)
he didn't come　　— (F)

124

と2つに区切ることができます。ところが (E) と (F) をつなぐ語句が一見ありません。これは know の目的語となる名詞節をまとめる従属接続詞 that が省略されていて、(F) は省略を補うと、

(that) he didn't come ― (F)′

ということになり、この (F)′ が従属接続詞 that のまとめる従属節です。では主節の範囲は (E) の部分でしょうか？ 実はこの場合、How do you know he didn't come? 全体が主節になるのです。この文をよく見てください。(F) は名詞として (E) にある know の目的語になっているわけですから、(F) は主節の一部になっていることがわかると思います。わかりやすく図で示してみましょう。

```
  ←―――――― 主        節 ――――――→
 { How  do  you  know  (that) he didn't come }?
   S    V     ←―― 従属節 (O) ――→
```

以上をまとめると、

① 従属節は先頭に節をまとめる何かしらの語句（接続詞、疑問詞、関係詞）があるのが目印。主節にはそれがない。
② 従属接続詞は後に S + V を従えて節をまとめる。その際、
- 名詞節をまとめる場合：その名詞節が主節の一部になることで、主節とつながる
- 副詞節をまとめる場合：その副詞節を主節とつないでいる

ということができます。なお、従属節が例外的に形容詞節をまとめる場合は p.169 に触れてあります。

【注意】以下のように「従属節」と「主節」を等位接続詞で並べてはいけません。

× If you happen to be in London, ***and*** please call us.

4 重文と複文

1つの文の中にS＋Vが複数ある場合、それを「主節」と「従属節」に分けるという話を先ほどしましたが、その主節と従属節の組み合わせによって、文を次のように分類する方法があります。

① **単文**：S＋Vが1組だけの文。

Kangaroos are marsupials.（カンガルーは有袋類である）

② **重文**：S＋Vが2組以上あり、それが等位接続詞（and, but, orなど）で対等な関係で結ばれている文。なお、接続副詞（☞ p.068）が用いられて結ばれた文も重文の一種だと考える場合もあります。

We went swimming **but** the water was very cold.
（泳ぎに行ったけど水がとても冷たかった）
He has graduated from universtiy **and** works for a trading company.
（彼は大学を出て商社に務めている）
☞ worksの前に主語heを補って考え、S＋Vが2つあるとみなす
I think; **therefore** I am.（我思う。故に我あり）
☞ p.067の例文をセミコロンを用いて書き換えた例

③ **複文**：2組以上のS＋Vが、従属接続詞、関係詞、疑問詞によって結ばれた結果、主節と従属節を含んでいる文。

When I was a little boy, I lived near the sea.
（小さい頃は海の近くに住んでいました）
I need a place **where** I can relax.
（のんびりできる場所が必要だ）
I don't know **why** she quit her job.
（なぜ彼女が退職したのかわかりません）

では、次のような文はどうでしょう。

We went swimming **but because** the water was very cold we decided to come back home.
(泳ぎに行ったけど水がとても冷たかったので家に帰ることにした)

この文は、まず等位接続詞 but がその前後を結んでいるという点では重文ですが、文の後半部分では、because のまとめる従属節が主節 (we decided …) の部分と複文を作っています。このような文は見方によっては重文でもあるとも複文でもあるとも考えられますが、一般的には「**混文**」と呼ばれています。

5　節の分類方法

さて、今度は節の分類についてお話ししましょう。p.123でお話ししたとおり、**節はまず大きく分けて「主節」と「従属節」に分かれます**。「主節」というのは、もうそれ以上細かく分類できません。

一方、「従属節」はいくつかの種類に分類できるのですが、その分類方法が複数あります。

① 節の先頭にある語で名前を付ける場合

従属節は、先頭に節をまとめる語句がありますが、その語句の名前で「〜節」と名前を付けるのです。以下の下線部を見てください。

(a) I believe **that** you can do it. (君にそれができると信じている)
　☞ 先頭に that があるから「**that 節**」
(b) I will go **if** I'm not busy. (忙しくなければ行きます)
　☞ 先頭に if があるから「**if 節**」
(c) Is there anyone **who** can speak French?
　(フランス語が話せる方どなたかいらっしゃいますか)
　☞ 下線部は先頭に関係代名詞 who があるから「**関係詞節**」

…といった具合です。この分類方法は、見た目で名前を付けるというシンプルな方法で、主に講義などで使われることが多いように思います。つまり、講師が「上から3行目のthat節を見てください」といったら、講義を聞いている側はthatを探せばいいわけです。ところがもし講師が「上から3行目の名詞節を見てください」というと、聞いている側で「名詞節」という概念が理解できないと、どこの部分を指しているのかわからないことになります。このあたりは「見た目」で名前をつけるメリットといえるでしょう。

② 節全体の意味で分類する場合

上で見た例文 (b)I will go **if I'm not busy**. の下線部が「もしも…なら」という条件を表しているから「条件節」というふうに名前をつける方法です。この分類方法で使われるのは、せいぜい「条件節」「帰結節」「譲歩節」くらいであまり数は多くありません。（「時節」とか「理由節」という呼び名は理屈の上ではありそうですが聞いたことがありません）　こうした用語は特定の文法事項の説明に登場するだけだと考えていいでしょう。

③ 文中での節全体の働きで分類する場合

従属節の分類方法で最も重要なのが、節が文中でどんな働きをしているのかで分類する方法です。この方法だと、**従属節は「名詞節」「形容詞節」「副詞節」の3つに分類**されます。

名詞節	節が文中で、主語、動詞の目的語、補語、前置詞の目的語、同格、になる場合
形容詞節	節が前にある名詞（先行詞）を修飾する場合。主に関係詞によってまとめられる。(☞ p.168)
副詞節	それ以外

上の「副詞節」の「それ以外」という定義を見て「何それ？」と思

った人もいるでしょう。しかし、副詞の定義 (☞ p.067) を読んでもらうとわかりますが、これがいちばん無理のない定義だと私は思っています。

6　節の種類のまとめ

これまで出てきた「〜節」を整理すると以下のようになります。

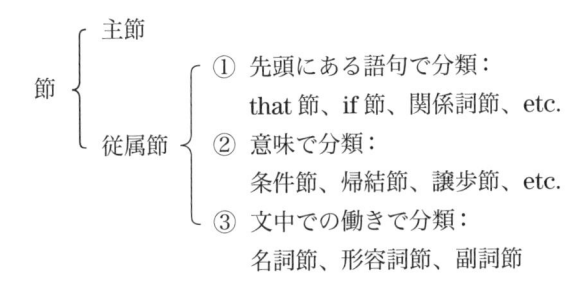

```
      ┌ 主節
節 ┤        ┌ ① 先頭にある語句で分類：
      │        │    that 節、if 節、関係詞節、etc.
      └ 従属節 ┤ ② 意味で分類：
              │    条件節、帰結節、譲歩節、etc.
              └ ③ 文中での働きで分類：
                   名詞節、形容詞節、副詞節
```

*

さて、ここまでいろいろな句や節が登場しましたが、文法上特に重要なのは、品詞による分類です。そして、単語でも句でも節でも品詞が同じであれば、文中で原則として同じ働きをします。そこでたとえば、「前置詞の後ろには、名詞と名詞句と名詞節が来る」などといいたい場合、いちいち「〜・〜句・〜節」というのは大変ですので、同じ品詞をするものをまとめて「**要素**」という語を使うことがあります。上の内容も「前置詞の後ろには**名詞要素**が来る」とすれば簡潔にいえます。また同様の言葉に「**相当語句**」(☞ p.019) というのもあります。「名詞相当語句」といったら、名詞の働きをする単語の集まりを、句であろうと節であろうとまとめて指します。

4-3 文の種類

1 肯定文と否定文

「肯定・否定」という言葉から連想するイメージは、

- **肯定文**：「〜する」「〜である」という意味の文
- **否定文**：「〜しない」「〜ではない」という意味の文

です。しかし「〜する」と訳す文は必ず肯定文かというと、そうではありません。

He *never* fails to surprise me.（彼はいつも私を驚かせる）
Why *don't* you take a day off?（1日休みをとったらどう？）

どちらにも日本語には「〜しない」とか「〜ではない」といった否定の表現は使われていませんが、never や don't という語があるので分類上は否定文です。したがって、訳文だけで判断するのは危険です。

「肯定」は、その反対の「否定」があって初めて成立する概念です。したがって、まず「**否定文とは、not や never のような否定語を含んだ文**」と定義した上で、「**肯定文とは、否定文ではない文**」だと消去法的に考えた方が現実的です。

2 平叙文

文の種類の中で「疑問文」「命令文」「感嘆文」は、だいたい意味の見当がつくと思います。でも「平叙文」って「平叙」という言葉自体が聞き慣れません。実はこの言葉はそれ以外の上の3種類の文と対立して使われる概念なので、先ほどと同様に消去法式に説明するな

ら、「文」の種類で「疑問文でも感嘆文でも命令文でもない文」が「平叙文」ということになります。

では、文の種類をざっと見てみましょう。詳細は後述します。

- **文**：大文字で始めピリオドなどで終わるSVを含んだ語の集まり。ただし Look! (見て) のように1語だけの場合もある。
- **疑問文**：Is this flower beautiful? のように何かを尋ねる文。文末は？(クエスチョンマーク☞p.220) で終わる。たとえば、Really? (本当) のように1語であっても疑問文だとみなす。
- **感嘆文**：How beautiful this flower is! (この花はなんときれいなんだろう) のように、How や What で始めて驚きや感心などを表す文。文末には！(エクスクラメーションマーク☞p.220) を置く。
- **命令文**：Look at this flower. のように動詞の原形 (否定の命令文の場合は Don't) で始まる文。
- **平叙文**：This flower is beautiful. のように疑問文でも感嘆文でも命令文でもない文。

これらは [1]「肯定文と否定文」とはまた別の概念です。たとえば、平叙文の中にも、肯定の平叙文と否定の平叙文があります。

	肯定文	否定文
平叙文	He is kind.	He is not kind.
疑問文	Is he kind?	Isn't he kind?
感嘆文	How kind he is!	※
命令文	Be kind.	Don't be kind.

※ 感嘆文には対応する否定文がないので、左側の How kind he is! の意味を否定したければ、not を使わずに、How *unkind* he is! (彼は何て不親切なんだ！) のように kind の反意語を使って文を作るしかなさそうです。

3 疑問文の種類

疑問文は以下のように分類されます。

① Yes/No 疑問文

Yes か No で答えられる疑問文。**一般疑問文**ともいう。

Do you believe in psychic powers? (超能力って信じる？)
Are you ready to go? (出かける支度はできてる？)

② 選択疑問文

接続詞 or によって示された複数の選択肢の中から1つを選ぶように求める疑問文のこと。

Which would you like, *coffee* **or** *tea*?
(コーヒーと紅茶、どちらを召し上がりますか)

③ wh 疑問文

疑問詞（☞ p.136）で始まる疑問文。Yes か No で答えることができない。

Where am I? (ここはどこですか)
How would you like your money?
(両替の内訳はどのようになさいますか)
Who did you fly with? (何航空を使いましたか)

④ 否定疑問文

not（縮約形 n't を含む）を含む疑問文。答え方に注意。

" Are**n't** you hungry? " " *No*, I'm not hungry. "
(「お腹すいてないの？」「うん、すいてない」)

⑤ 付加疑問文

文の最後に、聞き手の注意を引いたり確認したりするために添え

られる、短い形の疑問文。

I told you this, **didn't I**? (これ、前にも話したよね)
Let's have a cup of coffee, **shall we**? (コーヒーでも1杯飲もうか)
Stop fidgeting, **will you**? (貧乏ゆすり止めてくれない？)

⑥ 修辞疑問文

これは、まず次の例を見てください。

How can you say such a nasty thing?
(どうしてそんなひどいことがいえるの？)

「どうして」はふつうは理由を尋ねる表現ですが、上の文の「どうして」は、「どうしてそんなひどいことがいえるの？」(＝そんなこというなんてひどいわ！)と相手を責めているだけで、別に理由を答えて欲しいわけではありません。このように、「答を求めているわけではなく、**疑問文の形を借りて、何かをうったえるために使われる疑問文を「修辞疑問文」**といいます。国文法でいう「反語」という概念に近いと考えればいいでしょう。

以下は修辞疑問文の例ですが、日本語訳からそのニュアンスが感じとれるのではないでしょうか。

(a) *When* did I say that?
    (いつ俺がそんなこといった？＝そんなこといってない！)
(b) *Who* knows? (誰が知るか？＝俺は知らない！)
(c) *How many times* have I told you to wash your hands?
    (手を洗いなさいって何回いったの？＝まったく何回いってもいうことをきかないんだから…)

4　命令文

「命令文」とは、相手に対して指示を出す、動詞の原形で始まる文のことです。たとえば、

Speak more slowly. (もっとゆっくりしゃべりなさい)
Be quiet! (静かに)
Don't let it happen again. (二度とこんなことがないようにね)

冒頭に主語がついて *You* go first. (じゃあまず君が先にやって)のようにいう場合もありますが、それは特殊な形だと思ってください。また「動詞の原形で始まる文」と書きましたが、厳密にいえば、文の途中でも原形から始めた命令文を置くことはできます。

You can drink, but **be** careful not to drink too much.
(お酒を飲んでも構いませんが、飲み過ぎないように注意しなさい)
When angry, **count** ten before you speak.
(腹がたったら、しゃべる前に10数えなさい)

ところで、命令文の内容は必ずしも純粋な命令とは限りません。たとえば次の例を見てください。

Move and I'll shoot you. (動いてみろ、そしたら撃つぞ)

この Move は、相手に「動け」と命令しているわけではなく（命令通り動くと撃たれます！）、むしろ If you move に近い意味で使われています。（もっとも、このような文を実際にいわれる心配はないでしょうが…）

5　感嘆文

How や What で始めて、「なんて〜なんだろう」という意味を表す文が「**感嘆文**」です。次に名詞があれば what、なければ how を

使います。

> **What** a great *idea*! (なんていい考えだ)
> **How** *kind* of you! (ご親切にどうも)

なお、一般的に感嘆文といったら、上にあげたような How や What で始まり文末が！で終わる文を指しますが、広い意味では次のようなものも含みます。

① 「間投詞」のみを使って

「**間投詞**」は品詞の1つ (☞ p.012) で、喜怒哀楽や驚きなどの強い感情、または呼びかけを表すときに使う語です。

> Hey! (おい) / Ouch! (痛い) / Wow! (うわあ)

ちなみに、意外と知らない人が多いのですが、why にも間投詞の用法があります。いろんな意味がありますので、辞書で意味や用例を確認してみてください。

> "Can I get you something to drink?" "**Why**, yes! Thank you."
> (「何か飲み物買ってこようか？」「おお、ありがとう」)

② 平叙文や疑問文の形を使って

What や How がなくても強い感情を表す文は、感嘆文の一種とみなすことがあります。

> Boy am I tired! (ああ疲れた！)
> Isn't it pretty! (なんてきれいなんだ！)
> Of all places to meet you! (まさかこんな所で君に会おうとは！)

4-4 疑問詞

1 疑問詞の種類

情報を整理するときのポイントとして、5W1H、つまり「いつ (When)、どこで (Where)、誰が (Who)、何を (What)、なぜ (Why)、どのように (How)」が大事などといわれますが、その when, where, who, what, why, how のような語句が今からお話しする「**疑問詞**」です。疑問詞には大きく分けて以下の3種類があります。

- 疑問代名詞： who, which, what
- 疑問形容詞： which, what
- 疑問副詞：　 when, where, why, how

この「疑問○○詞」の「○○詞」の部分が、その単語の品詞を表しています。（英語には「疑問詞」という品詞はありません☞ p.012）

注意するのは以下の3つの点です。

① what, which が代名詞か形容詞か

上のリストで、what と which が「疑問代名詞」と「疑問形容詞」の両方に書いてあります。これは次の例文で説明しましょう。

(a) **What** are you reading now?（今何を読んでいますか）
(b) **What** *newspaper* do you read?（何新聞を読んでいますか）

(a) の What は、You are reading X now. という文の X が what に置き換わったと考えられるので、read という動詞の目的語として働く「**疑問代名詞**」です。この疑問文に対しては「本、雑誌、新聞、…」のように読む対象となるものは何でも答えになりえます。

一方、(b) の What は、名詞 newspaper を修飾して、What

newspaper（どんな新聞；何新聞）という質問をしていますから、whatの品詞は形容詞で「**疑問形容詞**」ということになります。

whichの場合も考え方は同じです。

(c) **Which** would you prefer, red wine or white?
　　（ワインは赤と白、どちらになさいますか）
　　☞ which は prefer の目的語となる「疑問代名詞」

(d) **Which** *software* is best for video editing?
　　（動画編集にはどのソフトがいちばんいいですか？）
　　☞ which は software を修飾する「疑問形容詞」

② whose の扱い

上の表に whose（誰の）がないことに気づいた人もいるでしょう。たとえば、次の文に使われている whose の品詞は何でしょう。

Whose shoes are these?（これ誰の靴？）

これは「疑問代名詞 who の所有格」のように考えて「疑問代名詞」の仲間とみなすか、shoes という名詞を修飾しているから「疑問形容詞」とみなすか、2通りの考え方があります。（後で「関係形容詞」（☞ p.177）のところでも同じような説明が出てきます）　なので上のリストにはあえて入れていません。

③ 品詞のブレ

前項であげた表は、それぞれの疑問詞について最も一般的な用法での分類です。実際には英和辞典を見てもらうとわかりますが、それ以外の品詞で使われることももちろんあります。たとえば、

Since **when** has that been illegal?
（いつからそれが違法になったんだ？）
From **where** *to* **where** did you travel?
（どこからどこまで移動したの？）

という文の when や where は、since, from, to といった前置詞の後ろにありますから、代名詞と考えることもできます。

さらに、when や where が主語として使われる例も見られます。

Where is the best place to live in Japan?
（日本で住むのにどこが最適の場所ですか）
When would be a good time for me to call you?
（私からお電話するのにいつがご都合よろしいでしょうか）

ただ、こうした使い方は where や when の本来の疑問副詞としての使い方から派生した特殊な用法だと考えられることが多く、辞書などでは「疑問代名詞」に分類せず「疑問代名詞のように使われている」といった説明がされる場合が多いようです。

2 間接疑問文

Where did you buy it?（それどこで買ったの？）という疑問文をShe wants to know ...（彼女が...を知りたがっている）の後に続けて「彼女は、君がそれをどこで買ったのか知りたがっている」という文を作ると、

She wants to know *where you bought it.*

となります。この文では、where you bought it 全体が他動詞 know の目的語になっている「名詞節」です（☞ p.125）。このように、疑問文が名詞節になって他の文の一部に組み込まれて使われている場合、その名詞節を「**間接疑問文**」と呼ぶことがあります。（もちろん他の文の一部になってしまえば厳密には「文」ではなくなるのですが、慣用的にそう呼ばれています）　次の用例のイタリックの部分が間接疑問文です。

I wonder *which team will win*. (どのチームが勝つんだろう)
The problem is *what kind of food we should serve at the party*.
(問題はパーティでどんな料理を出すかだ)

間接疑問文で注意するのは節の中の語順です。原則としては、

① 疑問詞は節の先頭に置く。その疑問詞が修飾している語句があればそれも一緒に置く。
② それ以外の語句は、できるだけ平叙文の語順・形にする。

がルールです。たとえば、

Who is the prime minister of Japan? (日本の首相は誰ですか)

この疑問文を Very few Americans know X. (X を知っているアメリカ人はほとんどいない) の X の位置に置くとどうなるでしょうか？ うっかり、

× Very few Americans know *who is the prime minister of Japan*.

としてしまいがちですが、元の疑問文の土台となった平叙文は、

The prime minister (S) of Japan is (V) Mr. ABC. (C)

で、この補語の Mr. ABC が who に置き換えられて文頭に出て、S と V の語順が入れ替わった結果、

Who (C) is (V) the prime minister (S) of Japan?

という疑問文ができたのですから、間接疑問文になったとき、who を節の最初に置くとして、その後ろの is (V) the prime minister (S) of Japan の部分は平叙文の語順に戻して (VS → SV)、

○ Very few Americans know *who the prime minister of Japan is.*

としなくてはなりません。

　なお、上にあげた例文から、間接疑問文というのは必ず文の途中から始まると思っている人もいるかもしれませんが、次の例のように文頭に置かれる場合もあります。

How quickly you learn depends on *how hard you work.*
（どれだけ速く身につくかはどれだけがんばるかによる）

第5章

時制と法

日本語だろうと中国語だろうとスワヒリ語だろうと、同じ人間が地球上で暮らしていて、同じように「時」が流れているわけですから「過去・現在・未来」という時の区別はどの言語にも存在するはずです。ただ、その区別をどうやって表現するのかは言語によって違います。（動詞を活用させて表す言語もあれば、動詞は変化させず、動詞に助動詞のようなものをつけたり、副詞のような語句の助けを借りたり…）

この章では多くの人が誤解している英語における時間の表し方を扱います。また、多くの人が用語を混乱している「仮定法」に関する用語も誤解を招きやすい部分を中心に整理しておきましょう。

第5章 時制と法

5-1 「時」と「時制」

1 英語に時制はいくつあるか？

　文法書で時制の数を調べると、「2つだけ」から「12」に分けているものまで、その数がさまざまです。これはいったいなぜでしょう？
　そもそも「時制」とは何を意味するか、その定義を簡単にいうと、

「時制」＝「時間」を表すための動詞の形

なのですが、この「動詞の形」をどうとらえるかによって解釈が違ってくるのです。大まかに次の2つの考え方があります。

① 「動詞の形」を「動詞の活用形」と考えた場合
　英語の動詞の5つの活用形「原形―現在形―過去形―過去分詞形―現在分詞形」(☞ p.083) の中で「時間」を表しているのは「現在形」と「過去形」だけです。ですから、この定義によれば、**英語の時制は「現在時制」と「過去時制」の2つしかない**ことになります。そうすると、たとえば I *will* go there tomorrow. という文の時制はどうなるのでしょう。この文は、表している内容は未来のことですが、この文で使われている will という助動詞は「現在形」なのです。(will には「過去形」の would という形もあります) したがって、この will は「現在時制」ということになります。同じように、I *have* just written a letter. という現在完了形で表された文も have が「現在形」なので「現在時制」ということになります。

② 「動詞の形」を広く「V (述語動詞) の形」と考えた場合
　これは時間を表す「現在・過去・未来」があって、さらにその中の「完了形・進行形・完了進行形」も1つの時制として扱う考え方

です。この考え方だと英語の時制はVの部分の形の数、つまり以下の12あることになります。

	動作が続いているか完了しているか...			
いつのことか	現在形	現在進行形	現在完了形	現在完了進行形
	過去形	過去進行形	過去完了形	過去完了進行形
	未来形	未来進行形	未来完了形	未来完了進行形

ところで、進行形、完了形という用語の代わりに、文法書によっては「進行相」「完了相」という語を使っている場合があります。この「相」(「アスペクト」とも呼ばれる)というのは、動詞の表す意味が「一瞬の動作か、継続する状態か、反復する動作か、…」といったことを基準に分類するときに使う概念で、「過去、現在、未来」といった「時」とはまったく別の概念です。そして日本語、英語、ロシア語、…といった各言語には、その言語特有の「相」があります。(相がない言語もあります)

たとえば、日本語の「来た」という動詞の形は、過去という「時間」ではなく、(過去・現在・未来を問わずに)「来る」という動作が完了したことを示す「完了相」を表すと考えられています。学校で自習時間に教室で騒いでいて見回りの先生の姿が遠くに見えたとき「静かにしろっ！ 先生が来たぞ」というときや、「今度日本に来たとき」というときの「来た」は、時間ではなく「来る」という行為の完了を表しているのです。

2 「現在」を表さない「現在時制」？

「動詞の形」の呼び名とその表している内容は必ずしも一致しません。たとえば、I **sleep** for eight hours every day. (私は毎日8時間眠る)という文の sleep は「現在形」で、時制は「現在時制」です。では「私」は「現在」眠っているのでしょうか？ いえ、この文の

「現在形」は「習慣的行為」を表していて、今この瞬間の行為を表しているわけではありません。

また、「時や条件を表す副詞節の中では未来のことでも現在形で表す（☞ p.147）」というルールをご存知であれば、以下の文の現在形 comes も実際には未来の行為を表しているとわかるはずです。

I'll ask him about it when he **comes** back.
（彼が戻ってきたら、それについて尋ねてみます）

また、主に小説などで、過去の出来事を現在形を使って表すことで、まるで目の前でそれが起こっているかのような臨場感を出す効果を狙って使われる現在形の用法があります。これは「**歴史的現在**」と呼ばれています。

3 単純未来と意志未来

次の2つの文を比べてください。

(a) Next year I'll be twenty.（来年私は20歳になります）
(b) Next year I'll be more active.
　　（来年はもっと活発に行動するつもりです）

どちらも will という助動詞で未来のことが表されていますが、(a) は自分の意志とは関係なく、来年誕生日が来れば必然的に20歳になります。このような意味を表す用法を「**単純未来**」といいます。それに対して、(b) は自分の意志を表していて、意志次第では will 以下のことが実現したりしなかったりします。このような意味を表す用法を「**意志未来**」といいます。

ところで、この「意志」って誰の意志でしょうか？　(b) ではもちろん主語の「私」の意志ですが、英文法で**意志未来**といった場合、次の2つの主な用法があります。

① 平叙文での「文の主語の意志」を表す

I'll get it done today.（今日中にそれを終わらせます）

② 疑問文での「相手の意志」を確認する場合

Shall I have him call you back later?

（後ほど彼に電話させましょうか）

さらに、古風な英語で、次のような助動詞 shall の主語が2人称や3人称の例を説明する場合にも意志未来という用語が使われます。

You **shall** have your money.

この You shall ... という形は、話し手の意志でそうなることを表しているので、「私の意志で『あなたが金を手にする』ようにする」という意味から、「私があなたに金をあげる［or 払う］」という意味になります。もちろん古風な形で、現代英語ではまず使われません。

4 時制の一致

まず、次の日本語と英語を比べてみてください。

①「彼は怒っている」— (a) He **is** angry.
②「彼は怒っていた」— (b) He **was** angry.

上の①と②の最後に「…と言っている」をつけると、

③「彼は怒っていると言っている」— (c) He *says* he **is** angry.
④「彼は怒っていたと言っている」— (d) He *says* he **was** angry.

となります。では、今度は③④の「言っている」を過去、つまり「…と言った」に変えてみましょう。

⑤「彼は怒っていると言った」
⑥「彼は怒っていたと言った」

第5章　時制と法

となります。さて、この⑤と⑥の文で彼が怒っている［いた］のはいつのことでしょうか？　⑤は「怒っている」の部分は変化していませんが、文末に「言った」と書いてあれば、過去に怒っていたことになりますね。このように、日本語では文末の部分で「…した」「…だった」という形で過去を表していれば、文中の動詞は形を変えなくても自動的に過去のことを表すのが原則です。

では、⑤と⑥の内容を英語で表してみましょう。

⑤ (e) He *said* he **was** angry.
⑥ (f) He *said* he **had been** angry.

⑤では怒っていたのが過去なので、is を was に変える必要があります。また、⑥の「怒っていたと言った」では、怒っていたのは「言った」時点よりさらに前のことだと判断できますが、単に says を said に変えて、He *said* he **was** angry とすると、(e) と区別がつかなくなってしまいます。こういうときは、was が said より時間的にさらに昔であることを示すために、was を had been という過去完了形に変えて (f) のようにします。このように、**従属節の中の動詞の形（時制）を、主節の動詞（say, think など）に合わせて変えることを「時制の一致」**といいます。

時制の一致の例をさらに見ておきましょう。

(g) He says he **arrived** there.（彼はそこに着いたと言っている）
(h) He says he **has** just **arrived** there.
　　（彼はそこに着いたばかりだと言っている）
(i) He says he **will arrive** there tomorrow.
　　（彼は明日そこに着くと言っている）

この (g) ～ (i) の says を過去形 said に変えてみましょう。

(j) He said he **had arrived** there.（彼はそこに着いたと言った）
(k) He said he **had** just **arrived** there.

（彼はそこに着いたばかりだと言った）

(l) He said he **would arrive** there the next day.

（彼は翌日そこに着くと言った）

(j)と(k)の例を見てわかるとおり、**時制の一致をさせた場合、過去形と現在完了形はどちらも過去完了形になってしまいます**。また (i) の助動詞 will は過去形 would に変わります。

ちなみに、文法書の「時制の一致の例外」の項目では、しばしば**「普遍の真理」**（「不変」という漢字を使っている本もあります）という用語が使われます。「普遍の真理」とは簡単にいうと、**「いつでもどこでも（時や場所が変わっても）当てはまること」**という意味です。たとえば「1＋1＝2」というのは、日本だけでなく、ロシアでもチリでも、また江戸時代でも、今から100年後でも変わりません。こういうのを「普遍の真理」といい、時制の一致のルールの影響を受けません。

I *was* taught that parallel lines never **cross**.
（平行線は決して交わらないと習った）

5　時や条件を表す副詞節

「時や条件を表す副詞節の中では未来のことでも will を使わずに現在形で表す」という規則は、英文法のルールの中でも比較的有名で、かつ重要なものです。しかしこのルール、わかったつもりで実はわかっていない人が多いのです。よくあるのは「『時や条件』ってのは何となくわかるけど、その次の『副詞節』っていうのがイマイチわからん。まあ、要するに when や if の後では will を使わないで現在形にするって覚えときゃいいんだろ！」とルールを自分に都合のいいように勝手に変更してしまう場合です。

では、まずこのルールが本当にわかっているかどうかを確かめて

第5章 時制と法

いただくために、次の問題を解いてみてください。それぞれ（　）内から適切なものを選びます。

> (1) I don't know if it (ア rains / イ will rain) tomorrow.
> (2) "Is Bill still using your car?" "Yes, I wonder when he (ア returns / イ will return) it."
> （※センター試験の問題を二択に改変）
> (3) I have been reading the book you lent me and I will return it when I (ア read / イ have read / ウ will read) it.

いかがでしたか？　答は全部イです。なぜそうなのかは後で説明しますが、私が指摘したいのは、どの問題も**空所の直前に if や when があるのに「アの現在形が正解ではない」**ということです。つまり「if や when の後では現在形」なんていうテキトーな覚え方をしてはいけない！ということです。

さて、そこで**どうやって「副詞節」かどうかを見分けるのか**ですが、調べてみるといろいろな方法があるようです。例をあげると、

① 節全体が動詞を修飾していれば「副詞節」。S、O、C、同格の働きをしていれば「名詞節」
② 節全体を it で置き換えることができれば「名詞節」、できなければ「副詞節」
③ 「名詞節」でも「形容詞節」でもなければ「副詞節」(☞ p.128)

まず、①はある意味、最も「正当な」、つまり文法のルールの本質に従った方法だといえます。ただ、英文法が苦手な人にとっては、この判断は意外と難しいのではないでしょうか？　たとえば次の文の if 節の働きを考えてみてください。

> It will be surprising *if she doesn't win a medal.*
> （彼女がメダルを獲得しなかったら驚きだよ）

このif節は「副詞節」ととらえるのが一般的ですが、「主語のItはif節の内容を指している仮主語でif節は真主語。だからif節は『名詞節』」と考える人がいても不思議ではありません。つまりこの①の方法は、すでに名詞や副詞の働き、修飾関係がしっかりわかっている人には有益ですが、英語が苦手な人には意外とやっかいです。

②の「itに置き換えられたら名詞節」を具体的に説明すると次のようになります。

(a) I won't go out *if it rains tomorrow.*
   S   V

(b) I can't tell *if it will rain tomorrow.*
   S   V   O

(a)は「もし明日雨なら外出しない」で、I won't go outまでがSV。go outは全体で自動詞として働いているので、目的語は不要ですから、if節をitに置き換えてSVの後にI won't go out *it.* のように置けません。このようにitが余ったら「副詞節」。

(b)は「明日雨かどうかわからない」で、I can't tellまでがSVで、tellは他動詞用法で後ろに目的語が必要です。if節をitに置き換えて直前のtellの目的語としてI can't tell *it.* とできます。この場合は「名詞節」。

つまり、**「名詞節」というのは「名詞の働きをしている節」だから、代名詞itが使えるのと同じ場所で使えるはずだ**、という理屈です。これはかなり有効な識別方法ですが、かといって例外がないわけではありません。たとえば、次の文を見てください。

(c) I'm not sure *if I can make it tomorrow.*
 （明日行けるかどうかわからない）

(d) Please tell me *if this sentence is grammatically correct.*
 （この文が文法的に正しいかどうか教えてください）

どちらもif節は名詞節です。しかしif節の部分をitで置き換え

てみると、(c) は I'm not sure *it*. というありえない形に、また (d) は tell me it という文法的に誤りの形になってしまいます。(※人称代名詞は直接目的語 (☞ p.034) の位置には置けません)

結局、この②の識別方法でも紛らわしいケースが存在します。

③は「名詞節でも形容詞節でもなければ副詞節」という消去法的な定義で、副詞という品詞の定義 (☞ p.067) を考えると、ある意味これがいちばん「副詞節」の実体を表しているのかもしれませんが、この方法の場合は、逆に「名詞節」「形容詞節」がしっかりと見分けられる必要があります。

ということで、「副詞節」とは何かを理解するのは結構やっかいですが、かといって最初に書いた「時や条件を…」のルールを使うためには、やはりどうしても避けて通れません。そこで、副詞節とは何か、という本質がわからなくても、**とにかく副詞節かどうかがわかればよい**と割り切って、以下のように考えてみましょう。

(A) ほとんどの従属接続詞は副詞節をまとめるので、その接続詞をまず覚える

ここでは時や条件の意味を持つものに限られますので、主に次のような接続詞です。

時	after, as, as soon as, before, by the time, every time, once, till, until, while
条件	if, unless, even if, provided, in case

これらの接続詞が時や条件を表す節をまとめていたら (理屈はどうであれ) それは「副詞節」だと考えるのです。

(B) if と when は名詞節をまとめる場合と副詞節をまとめる場合があるので、この2つは意味を手がかりにして判断する

次の表のようにまとめるとわかりやすいと思います。

	名詞節	副詞節
if S + V	SがVする**かどうか**	**もし**SがVすれ**ば**
when S + V	**いつ**SがVする**のか**	SがVする**とき**

では、(B) の方法で、先ほどの問題 (☞ p148) を考えてみましょう。

(1) I don't know if it (ア rains / イ will rain) tomorrow.
(2) "Is Bill still using your car?" "Yes, I woner when he (ア returns / イ will return) it."

(1) も (2) も if や when が節の先頭にありますので、名詞節、副詞節、どちらの可能性もあります。(B) の表の日本語訳をあてはめて文の意味が通るかどうか考えてみましょう。

(1) の if 節が名詞節なら「明日雨が降るかどうかわからない」、副詞節なら「明日もし雨が降ればわからない」で、後者は意味をなしません。よってこれは名詞節だと判断します。明日のことは未来のことですから will を使っているイが正解です。

(2) は「ビルはまだ君の車を使っているの」という質問に対する返事で、when 節が名詞節なら「うん、いつ返してくれるのかなあ」と読んで意味が通りますが、副詞節だと「うん、返してくれるとき、不思議に思う」となり、意味をなしません。よって、これも名詞節で、未来のことが will で表してあるイが正解です。

さて、最後は (3) ですが、これはちょっと難問です。

(3) I have been reading the book you lent me and I will return it when I (ア read / イ have read / ウ will read) it.

後半の I (S) will return (V) it (O) when …の when …は「〜するとき」の意味で副詞節です (「いつ〜するのか」では意味をなしません) から will を使ったウは使えません。「では現在形で正解はア read」としたいところですが、when I *read* it とすると「私はその

本を読むときに返します」という変な意味になってしまいます。正解はイで、完了形を使うと「本を読む行為の完了」を表し、「本を読んでしまったときに返すよ」という意味になります。このように、時を表す副詞節の中で完了の意味を強調したいときは現在完了形も使われることを覚えておきましょう。

5-2 完了形

1 「完了」という用語のあいまいさ

英語学習で最初に「完了」という用語が登場するのは「現在完了(形)」を習ったときでしょう。たいていの文法書は「現在完了(形)」を、その表す意味によって以下の3つに分類しています。

- 完了・結果： (a) The train **has** just **left**.
  (電車はちょうど出たばかりだ)
- 経験： (b) I **have** never **flown**.
  (私は飛行機に乗ったことがない)
- 継続： (c) I **have been** here in Iraq for three years.
  (私はここイラクに3年います)

この (a)「完了」の用法を習ったときは「現在完了って『現在の時点で完了してる』って意味なんだ」なんて納得しますが、(c) の「継続」の用法を習うと、「ん？『完了してるのに継続』ってどういうこと？」と混乱が始まります。そしてさらに、

(d) My son **has been playing** the guitar for three years.
　　(うちの息子はギターを始めて3年になります)

のような**現在完了進行形**が出てくると、「完了してるのに進行？」、「『現在完了進行形』って (c)『現在完了の継続の用法』と何が違うんだ？」と混乱はいっそう深まります。やはりここでも文法用語を漢字で理解しようとすることの弊害がみられます。

まずは次の定義をしっかりと理解してください。

英文法では、〈have + p.p.〉という形のことを意味に関係なく「完了形」と呼ぶ

そしてその上で、

この〈have [3人称単数の場合は has] + p.p.〉の形が V（述語動詞）の位置で使われたとき、それを「現在完了（形）」と呼ぶ

と考えてください。つまり現在完了（形）というのはあくまで（時制や相を表す）動詞部分の形の呼び名であって、何かが完了したという意味を表しているとは限らないということです。

そこで、述語動詞の位置に現れる完了形の形を整理すると、次のようになります。（p.p. の部分は do の活用形で代表させます）

	完了形	完了進行形
現在	I *have done*	I *have been doing*
過去	I *had done*	I *had been doing*
未来	I *will have done*	I *will have been doing*

これらの「完了形」や「完了進行形」は、あくまで**形の上での呼び名**で、「完了」の意味があるとは限りません。上の図で例にあげた「未来完了進行形」も、will have been doing という形を分解すれば、will =「未来」、have been =「完了」、been doing =「進行」となり、そういう名称がつけられているわけで、別に未来において何かが完了することを表しているわけではありません。

なお、次の (e) のような文で、述語動詞の〈助動詞 + have + p.p.〉という形を〈助動詞＋現在完了形〉と間違って呼ぶ人がいますが、「現在完了形」の have は〈助動詞 have の現在形〉で、この must have been の have は〈助動詞 have の原形〉ですから、「現在完了形」ではなく「完了形」です。（☞ p.092）

154

(e) He **must have been** rich *when he was a child.*

(彼は子供のときに裕福だったに違いない)

また、「『過去のいつのことかをはっきり示す副詞要素があるときは現在完了が使えない』っていうルールがあるけど、この (e) の文は when he was a child. という過去を表す副詞節があるのに、なぜ現在完了が使われているんだろう？」と思う人がいますが、「現在完了 (形)」ではありませんから問題ありません。(でもこの勘違い意外と多いんですよ)

2 過去完了と未来完了

「過去完了形」は、SV の V の部分に使われる〈had + p.p.〉という形のことです。この〈had + p.p.〉という形は V の位置以外で使われることはありません。過去完了形には大きく分けて2つの用法があります。

① 「現在完了」の用法がそのまま過去にずれた用法

現在完了は「現在」を時の基準点として、そのときまでの「完了・結果」「経験」「継続」を表すのに使われる形でした。(☞前項の例文 (a) ～ (c) 参照)　過去完了形は、その「時の基準点」が「現在」から「過去」にずれただけです。つまり、「過去のある一時点」までの「完了・結果」「経験」「継続」を表します。

(a) When I got to the station, the train **had** already **left**.
（私が駅に着いたとき、電車はすでに出てしまっていた）〈完了〉
(b) I **had** never **read** the famous novel before I was forty.
（私は40歳までその有名な小説を読んだことがなかった）〈経験〉
(c) I **had been** in Iraq for three years when the war broke out.
（私がイラクに来て3年経ったときにその戦争が起きた）〈継続〉

②「過去よりさらに過去」を表す用法

「過去のある一時点」を基準にして、さらにそのまた過去であることをはっきりと表します。このような過去完了の用法は、①と区別するために「大過去」と呼ばれることがあります。

(d) I *realized* I **had left** my glasses at home.
（家にメガネを置いてきたことに気づいた）

一方、「未来完了形」は、未来を表す will の後に完了形〈have + p.p.〉が置かれた形で、「未来のある一時点」までの「完了・結果」「経験」「継続」を表します。ただし、現在完了や過去完了ほど使用頻度は高くありません。ここでも例文をあげるにとどめておきます。

(e) He **will have arrived** in Hong Kong by tomorrow.
（彼は明日までには香港に着いているだろう）　　　　　　〈完了〉

(f) If I go there again, I'**ll have been** there five times.
（次にそこに行けば、5回行ったことになる）　　　　　　〈経験〉

(g) Next year we **will have been** married for twenty years.
（来年で結婚20年になる）　　　　　　〈継続〉

3　準動詞の完了形

準動詞（☞ p.094）、つまり「不定詞」「分詞」「動名詞」にも、その動詞部分が〈have + p.p.〉という形になっている「完了形」が存在します。では準動詞の完了形を確認しておきましょう。

	単純形（ふつうの形）	完了形
不定詞	to do	to *have done*
現在分詞・動名詞	doing	*having done*
過去分詞	done	なし

これらの完了形は、①述語動詞（の表す時）との「時間のズレ」を表す場合と、②完了形の持つ意味（完了・結果、経験、継続）を強調するために使われます。以下、不定詞と動名詞の場合を見ておきましょう。

(1) 不定詞の完了形
　to の後に〈have + p.p.〉が続いた形のことを「**不定詞の完了形**」とか「**完了形不定詞**」といいます。まずは①の述語動詞の表す時との時間のズレを表す用法を見ておきましょう。

(a) She <u>seems</u> <u>to be rich.</u>
　　　　現在　　seems と同時
(b) She <u>seems</u> <u>to have been rich.</u>
　　　　現在　　seems よりも前

　(a) の意味は「彼女は金持ちで<u>ある</u>ように思われる」。seems は現在形で「今現在 [or 日頃]」を表していて、to be rich の部分はそれと同じ時（＝現在）を表しています。

　(b) の意味は「彼女は金持ちで<u>あった</u>ように思われる」。to have been rich という完了形は、seems よりも前の時を表して、たとえば「若かった頃お金持ちだったであろうことが、現在の様子からうかがえる」といった意味になります。さらに seems を seemed と過去形にした以下の (c)(d) でも理屈は同じです。

(c) She <u>seemed</u> <u>to be rich.</u>　　　（彼女は金持ちで<u>ある</u>ように
　　　　過去　　seemed と同時　　　思われた）
(d) She <u>seemed</u> <u>to have been rich.</u>（彼女は金持ちで<u>あった</u>ように
　　　　過去　　seemed よりも前　　思われた）

(2) 動名詞の完了形
　「**動名詞の完了形**」（または「**完了形動名詞**」）は〈having + p.p.〉という形で、文の述語動詞の表す時との時間のズレを表します。

He *is* proud of **having worked** with the famous physicist.
(彼はその有名な物理学者といっしょに働いたことを誇りに思っている)

この場合、is という現在形で「誇りに思っているのが今現在」だとわかりますが、同時に、having worked という完了形から「働いていた」のはそれよりも昔のことだということがわかります。

ただし、次のような例もあります。

I *apologized* to him for **hitting** him.
(私は彼を殴ったことを彼に謝った)

この文では彼を殴ったのが述語動詞 apologized よりも時間的に前なのに、動名詞が完了形 (for *having hit* him) になっていません。これは動詞の意味から考えて、「殴った」のと「謝った」のが同時のはずがなく、あえて完了形にする必要がないからだと考えられます。このように、内容からあえて動名詞の完了形を使わなくてもすむ動詞の例は他にも以下のようなものがあります。

I *regret* not **reading** more when I was young.
(若いときに本をもっと読まなかったことを後悔している)
Thank you for **coming** the other day.
(先日は来てくれてありがとう)
I *remember* **going** to the movie with you.
(君といっしょにその映画に行ったことを覚えている)

5-3 仮定法の周辺

1 「法」とは

「仮定法」という用語は「**仮定**」という言葉の方に注目してしまうと、その本質が理解できなくなります。そこでまず最初に、「**法**」という言葉の方から説明しましょう。

「法」という漢字を見ると、「方法」「法律」といった意味を連想しますが、「仮定法」の「法」はそういう意味ではありません。「法」は英語では mood といいます。日本語で「ムード」というと「雰囲気」の意味ですが、英語の mood も「気分；気持ち；雰囲気」といった意味です。そして文法用語として使うとときは、「**文の内容に対する気持ちの込め方で動詞の形が変わるシステム**」のことをいいます。

英語には以下の3つの法があります。

- **直説法**：事実を（特別な感情を込めずに）そのままいうときに使う動詞の形。仮定法を学習するまでに習う動詞の形は、命令文を除いてすべて直説法
- **仮定法**：事実をふまえて、それとは逆の状況を「仮定・願望・後悔」などの気持ちを込めていうときに使う動詞の形
- **命令法**：命令文で使う動詞の原形

この「直説法」とか「仮定法」という用語が誤解を招きやすいため「叙実法」とか「叙想法」とかいう用語を使う人もいますが、そういう用語に置き換えたところで、この法という概念が格段にわかりやすくなるとは思えません。用語よりも「どんな場合に仮定法を使うのか」をしっかり理解することが必要です。なお、この3つの法はあくまで英文法で使われる用語で、スペイン語やフランス語を習うと「条件法」とか「接続法」といった、また別の「法」が登場します。

2 「仮定法」とは

では、上の「法」の定義をふまえた上で、英語の「仮定法」の定義をしておきましょう。

仮定法とは、事実をふまえて、その逆の状況、あるいは起こる可能性のきわめて低いことなどを想定して「仮定」「願望」「後悔」などの気持ちを表現するときに使う、特別な動詞の形のこと

まず、最初に強調しておきたいのは「**仮定法＝動詞の形**」だということです。よく学生から「この文は仮定法ですか？」なんていう質問を受けますが、『文』＝『仮定法』ではないのですから、正しくは「この文には仮定法が使われていますか？」とか「この文の動詞は仮定法ですか？」とでもいうべきです。でも仮定法が「文」だと思っている人はたくさんいます。繰り返しますが、「**仮定法とは動詞の形の呼び名**」です。ifという単語の有無とはほとんど関係がありません。ifがあっても動詞が仮定法ではない場合や、ifがなくても動詞が仮定法である場合はいくらでもあります。

さて、そうはいっても、仮定法を勉強し始めの頃は、たいてい次のようなifを使った例文で学習しますね。

If I knew his address, I would write to him.
（もし彼の住所を知っていれば、彼に手紙を書くのになあ）

実際、最初はこのような例文を通して学習した方が、仮定法の動詞の形を身につける上では役立つのです。そこでまずはこのパターンを使って仮定法のいろいろな用語を説明することにしましょう。

3 どちらの動詞が仮定法？

次が仮定法が使われる典型的な文のパターンです。

> If ⓢ+ⓥ～, Ｓ＋Ｖ….
> (もしⓢⓥ～すれば、ＳＶ…だろう)

　形の上では、If ⓢ+ⓥ の方が従属節、Ｓ＋Ｖ の方が主節です。また、If ⓢ+ⓥ の部分は、見た目から「If 節」と呼ばれたり、意味から「条件節」と呼ばれています。(☞ p.128)　一方、主節の方は一般的に「**帰結節**」と呼ばれています。「帰結」という漢字を見ると何か難しそうな響きがしますが、前半の「もしも～」の部分で想定した条件に対して「その結果の帰するところ」を表しているから…、とでも考えておけばいいでしょう。

　さて、前の項で「仮定法＝動詞の形」と繰り返し強調しましたが、この If ⓢ+ⓥ, SV. のパターンには動詞が２つ登場します。そこで質問です。この２つの動詞のうちどちらを仮定法と呼ぶでしょう？

① 条件節の中のⓥ
② 帰結節の中のＶ
③ 両方とも

　正解は①、つまり、**If ⓢ+ⓥ の ⓥ の位置で使われる動詞の形だけが厳密には仮定法**です。帰結節のＶの位置にも would とか could のような助動詞の過去形が登場するので、そちらも仮定法だと考えた人もいるかもしれませんが、これは厳密には誤りです。ただ、帰結節のこのＶには正式な名前がありません。そこで、便宜上、両方の動詞部分を「仮定法」と教える場合もあるわけです。

　それでも私が「仮定法というのは①だけだ」とこだわるのには理由があります。実は、私自身が昔、「『仮定法』というのは①②両方のこと」と勘違いしていて、混乱した経験があるからです。上に書いた If ⓢ+ⓥ, SV. という典型的なパターンを勉強している間はよかったのですが、その後 I wish I were a bird. (自分が鳥ならいいのになあ) のような　I wish …を使うパターンを学習するとき、参考書に次のような説明が書かれているのを見つけました。

「I wish S +仮定法過去
この形は「(今) S が〜すればよいのになあ」という現在の事実に反する願望を表します」

これを読んで、当時、①と②をともに仮定法だと思っていた私は、「えっ、『仮定法過去』って、ⓥとVのどっちの形を使うんだろう」と戸惑いました。そういう自分の経験もあるので、私は「**『仮定法』というのは if 節の中の動詞の形のことだけ**」だと覚えておいた方が混乱がないと思っているわけです。以下は、if 節の中で使われる動詞だけを仮定法と呼ぶという前提で話を進めたいと思います。

4　仮定法の種類

仮定法には何種類あるのでしょう？　仮定法とは「事実」をふまえて表現するときに使いますから、**まだ「事実」が存在していない未来のことや、事実にそった仮定をするときは仮定法は使えません。**

(a) If it **rains** tomorrow, we'll stay home.（明日雨なら家にいます）
(b) If you **heat** water, it boils.（水を熱すれば沸騰する）

(a) は明日のこと、(b) は事実を述べた一般論ですから、(a) も (b) も if 節の中の動詞は仮定法ではなく直説法の現在形が使われています。（未来のことでも、起こる可能性が極めて低い場合には仮定法を使うことはありますが、それは後でお話しします）

「事実」が存在するのは「過去のこと」か「今現在」ですから、整理すると、仮定法は次の2種類があれば用が足りることになります。

① 「**現在**」の事実をふまえて、**その逆**のことをいう仮定法
② 「**過去**」の事実をふまえて、**その逆**のことをいう仮定法

ところで、仮定法というのは「もしもワールド」を語るのに使われるわけですから、「現実の世界」と「もしもワールド」で同じ動詞

の形を使うと混乱の元です。そこで、「もしもワールド」の話をするときは、動詞の形を1つずらして、こうする約束になっています。

① 「**現在の事実の逆**」をいうときは「**過去形**」を使い
② 「**過去の事実の逆**」をいうときは「**過去完了形**」を使う

こうしておけば、今読んで[聞いて]いる話が、事実なのか、もしもワールドの中の話なのか、区別が簡単になるからです。

ところで、この「過去形」は実際には「現在」の状況について述べていますから、ふつうに「過去形」と呼ぶと混乱の元です。（「過去完了」についても同様） そこで、この動詞の形に特別な名前を付けることにし、「内容ではなく、**動詞の形の名前をそのまま呼び名として採用**」して次のように呼ばれている、と考えてください

① の「過去形」のことは「**仮定法過去（形）**」
② の「過去完了形」のことは「**仮定法過去完了（形）**」

では、例文で確認です。

(c) If you **were** here yesterday, you *must have seen* the accident. （もし昨日ここにいたなら、その事故を見たに違いない）

were を見て仮定法だと思ってはいけません。もし昨日のことを仮定法を使って表現するなら If you *had been* ...のように仮定法過去完了を使うはずです。また、帰結節にも仮定法を受ける助動詞の過去形（would, could, might）が使われていません。この文には仮定法は使われていません。

(d) If he **were** here, I *would* hug him.
　（もし彼がここにいればハグするのに）

これは if 節の were だけ見ると (c) の形と同じですが、帰結節に助動詞 would が使われていることから、この were が仮定法過去であることがわかります。（ちなみに be 動詞は、主語の単複や人

称に関わらず仮定法過去は were です）今目の前に相手がいないという現実をふまえて「もしいたら…」といっているわけです。

(e) If you **had been** here yesterday, you *could have seen* Janice.（昨日ここにいたら、ジャニスに会えたのにね）

昨日のことをいうのに had been と過去完了形が使われていますから、この had been は仮定法過去完了です。帰結節に could have seen という形が使われていることからもそのことが確認できます。

(f) If you **had been** more careful, you *wouldn't be* in trouble now.（もっと注意していたら、今困っていないだろう）

If 節の had been は仮定法過去完了ですが、帰結節は仮定法過去を受ける形の助動詞が使われています。これは過去の結果や影響が現在に及んでいるような場合に使われる形です。

5 仮定法未来と仮定法現在

さて、仮定法に関する用語で基本的なものは以上ですが、ときどき「仮定法未来」とか「仮定法現在」という用語を耳にすることがあります。それらについても触れておきましょう。

仮定法は「事実」をふまえた上で使いますから、「事実」がまだ存在していない未来のことには原則使えません。しかし、次のような場合は、たとえ未来のことでも仮定法が使われます。

(a) 起こる可能性がきわめて低く、「万一〜したら」という意味や「ひょっとして［たまたま］〜したら」といった意味を助動詞 should で表す場合

If anything **should** come up, please let me know.
（もし何か起きたら、私に知らせてください）

(b) 起こる可能性の大小とは無関係に「仮に〜するようなことがあれば」という話の前提を were to を使って表す場合

If I **were to** win the lottery, I *would* travel all over the world.
（仮に宝くじが当たるようなことがあれば世界中を旅行するだろう）

(a) の should は助動詞 shall の過去形ですし、(c) の were も過去形ですから、本来はどちらも「仮定法過去」と呼ぶべきです。ところが、内容が未来のことをいう場合が多いので「仮定法未来」という用語を使っている本もあるわけです。

そして、もう1つ学習者の混乱を招きそうな用語があります。それは「**仮定法現在**」です。仮定法現在というのは、これまで説明した「仮定法過去」や「仮定法過去完了」とはまったく別のものと考えてください。「仮定法過去」は動詞の過去形、「仮定法過去完了」は動詞の過去完了形の名称でしたが、「**仮定法現在」で使われるのは動詞の「現在形ではなく原形と同じ形」**です。その名称からして、そもそも一貫性がありません。

この仮定法現在ですが、話を現代の英語に限れば、最もよく使われるのは that 節の中です。次の文を見てください。

(c) The doctor *suggested* that she **get** some exercise every day.
（医者は彼女に毎日運動したらどうかと提案した）

(d) The boss *demanded* that he **be** fired immediately.
（上司は彼をすぐ解雇するよう要求した）

この that 節の中の動詞の形に注目してください。(c) では主節の動詞が suggested という過去形ですから that 節の中の動詞が時制の一致で would get となりそうですが、get が使われています。また that 節の中の主語が3人称単数 she ですから動詞 get が現在形なら三単現の s がつくはずですが、get のままです。つまり、この get は現在形ではなく原形なのです。また (d) は、主節の動詞が demanded ですから、こちらも would be となりそうですが原形

1 6 5

be が使われています。このような場合、that 節の中で使われる動詞の原形を「仮定法現在」といいます。仮定法現在が使われるのは、主に以下のような場合です。

① 主節の動詞が次のような意味を持つ場合
　命令する： order
　要求する： demand, ask, insist, require, request
　決定する： decide
　提案する： suggest, propose, recommend

　また、上にあげた動詞から派生した名詞が使われた that 節でも仮定法現在が使われます。

　The only legal *requirement* is that you **be** over eighteen years of age.
　(法的に唯一要求されていることは18歳以上であることだ)

② 主節の形容詞が次のような意味を持つ場合
　重要である： important
　必要である： necessary, essential
　望ましい：　 desirable
　It was *necessary* that he **make** a decision immediately.
　(彼が即座に決断を下すことが必要であった)
　It is *desirable* that all the students **be** present at the meeting.
　(学生全員が会議に出席することが望ましい)

　なお、仮定法現在が使われるのはアメリカ英語が多く、イギリス英語では仮定法現在の代わりに〈should ＋原形〉の形がよく用いられます。

　My husband *recommended* that I **should start** a blog.
　(夫が私にブログを始めることを勧めてくれた)

第6章

関係詞の周辺

日本語には、「修飾する語句」はたとえどんなに長くても、「修飾される語句」の前に置かれる、という大原則があります。ところが英語では、名詞を後ろから修飾する「後置修飾」という方法があり、そのために分詞、不定詞、前置詞句、関係詞が大活躍します。中でもこの章でとりあげる関係詞は日本語にはない概念で、いろいろな用法・用語があります。

「関係副詞は形容詞節をまとめる」という説明をされてチンプンカンプンな方は、この章で、そうした用語を整理しておきましょう。

6-1 関係詞の基礎

1 先行詞と形容詞節

まず以下の2つの例を見てください。

the house **which** I bought　（私の買った家）
the house **where** I was born（私の生まれた家）

これを「説明されている名詞」と「その名詞を詳しく説明している部分」に分けると、次のようになります。

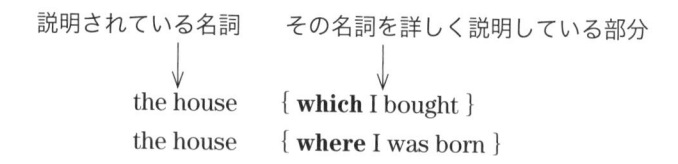

　　　説明されている名詞　　その名詞を詳しく説明している部分
　　　　　　↓　　　　　　　　　　　↓
　　　　the house　　　　{ **which** I bought }
　　　　the house　　　　{ **where** I was born }

この関係代名詞 which や関係副詞 where のまとめるカタマリ（上の例では { } 内の部分）が詳しく説明している名詞（上の例では the house）のことを「**先行詞**」といいます。先行詞は原則として名詞です（例外はあります☞p.180）。したがって、その先行詞を説明する { } 内の部分（上の例でいうと、which I bought と where I was born）は、全体が「名詞を説明している」ので「形容詞」の働きをしていると考えることができ、また、{ } の中に SV がありますから「節」です。したがって、分類上は「**形容詞節**」ということになります。

「ちょっと待ってくれ！　なんで「関係<u>代名詞</u>」や「関係<u>副詞</u>」で始まっているのに「形容詞節」なんだ！」と、ここで混乱する人が非常に多いのですが、それはどの部分がどの語句を修飾しているの

168

か、という関係をしっかりとらえていないからです。そこで、次の関係副詞 where を使った文を見てください。

This is the house **where** he lives.（これは彼が住んでいる家だ）

典型的な誤解は「関係副詞 where が直前にある先行詞 the house を修飾している」というものです。いいですか、**the house を修飾しているのは where ではなく、where のまとめる節全体、すなわち where he lives 全体**です。where は関係副詞ですから品詞は「副詞」で、the house という名詞を修飾することはできませんし、そもそも**節の内側にある語句が外側にある語句を修飾することは絶対にありません**。関係副詞 where は直後にある lives という動詞を修飾しているのです。

ところで、「『形容詞節』って名詞を修飾するわけだから、要するに『関係詞節』と同じ意味？」と考えた人がひょっとしているかもしれませんが、この2つは同じ（意味）ではありません。関係詞の中でも、関係代名詞の what や、先行詞を含んだ関係副詞は「名詞節」をまとめますし（先行詞を含んだ関係詞のことを「**自由関係詞**」と呼ぶことがあります）、一方、接続詞の before や after の導く節は、以下の例のように、その節全体が直前にある名詞にかかることがあり、その場合は名詞を修飾していますから形容詞節に分類されます。

All the years **before** Christ was born are called B.C.
（キリストが生まれる以前の年はみな BC と呼ばれる）
☞ before Christ was born という節全体が前の the years を修飾
I can still remember those exciting days **after** my first daughter was born.
（私は長女が生まれた後のワクワクした日々を今でも覚えている）
☞ after my first daughter was born 全体が前の exciting days を修飾

第6章 関係詞の周辺

2 関係詞の種類

「関係詞」というのは最後が「詞」で終わっていますが、品詞の名前ではありません（☞p.012）。関係詞の品詞は「関係」という言葉の次にちゃんと書いてあります。

- 関係<u>代名詞</u>は「代名詞」
- 関係<u>副詞</u>は　「副詞」
- 関係<u>形容詞</u>は「形容詞」

関係詞は節の中で、その品詞の役割をはたしています。たとえば関係代名詞は「代名詞」ですから、節の中で代名詞の働き（＝名詞の働き）、つまり「主語、目的語、補語、前置詞の目的語」のどれかの役割を担っています。ちなみに、「関係代名詞」の「関係」というのはイメージとして「2つの文を『関係づける』（＝つなぐ）働き」を持つこと、だと理解すればいいでしょう。つまり、**関係代名詞とは「2つの文をつなぐ働きも兼ね備えた代名詞」**と考えることができます。

ここで関係詞の種類をまとめておきましょう。

① **関係代名詞**：次のように先行詞の種類と格により分類されます。

		主格	所有格	目的格
先行詞が	人	who	whose	whom
	物	which	whose	which
	人・物	that	—	that

② **関係副詞**：**when, where, why, how** の4つ。ただし **that** も特定の条件下で関係副詞のように使われることがあります。なお関係副詞は「副詞」ですから、関係代名詞と違って「格」はありません。

③ **関係形容詞**：「関係形容詞」の種類や用法についてはp.177以降で詳しく扱いますので、そちらを参照してください。

3　関係詞の格と省略

先ほどの表の中に「主格」とか「目的格」といった用語が出てきました。関係代名詞の「格」の考え方は、基本的に代名詞の場合（☞ p.072）と同じです。ただ、「which や that は『主格』も『目的格』も同じ形だから区別しなくてもいいのでは？」なんて思っている人もいるかもしれませんね。次の文を見てください。

(a) This is a book **that** will be useful for both students and teachers.
　（これは学生にも教師にも役立つであろう本です）

(b) This is a book **that** I bought last week.
　（これは私が先週買った本です）

(a) の that は will be の主語だから主格、(b) の that は bought の目的語として働いている目的格です。では、これらの that を区別する理由は何でしょうか？　原則として、**目的格の関係代名詞は省略できるが、主格の関係代名詞は省略できない**（もちろんそれぞれ例外はあります）というルールがありますから、(a) の that は省略できませんが (b) の that は省略できます。関係代名詞は何でも省略できると思っている人が結構いるので、こういうちょっとしたルールを理解するのにも関係詞の「格」がわかることが必要なのです。

さて、では次の文を先ほどの (b) と見比べてください。

(c) This is a book *I bought* last week.

この (c) の文を文法的に説明する場合、たいていは、まず (b) のような関係代名詞を使った文を習い、「(c) は (b) の文から目的格の関係代名詞が省略された形」と説明されます。でも、ネイティブスピーカーが (c) のような文をいうとき、まず (b) のような関係代名詞を使った文をいったん思い浮かべて、そこから関係代名詞を省略しているはずはなく、いきなり (c) のような文を口にするは

ずです。実は、(c) のような文は (b) の文から関係代名詞が省略されたのではなく、どうやら昔から英語に存在している形のようです。そこで、このように、名詞の後に S + V がぴったりくっついた形に「**接触節**」という名前をつけて「関係代名詞の省略」とあえて区別することがあります。ただ、名詞の後に S + V があっても、接触節という用語が使われるのは形容詞節の場合だけで、

(d) despite the fact *he was killed in the war*
  （彼がその戦争で死んだという事実にもかかわらず）
  ☞ the fact の後に同格名詞節を導く that が省略されている

のような名詞節の場合は「接触節」という用語は使いません。

4　先行詞を含んだ関係副詞

　ここで関係副詞の先行詞のとらえ方について、具体例を使って確認しておきましょう。

(a) You can't see the tower from where you live.
  （あなたの住んでいるところからその塔は見えない）

この from where ...の部分は文法的に、2通りの説明が可能です。

① where の前に先行詞が省略されていると考える場合
　上の (a) と同じ意味を表す次の英文を見てください。

(b) You can't see the tower from *the place* where you live.

　念のため整理しておくと、from は前置詞で、その目的語が the place、そしてその後に続く where you live は the place という名詞を修飾していますから**形容詞節**です。where はもちろん関係副詞。そしてこの文から**先行詞 the place が省略されて** from where ...という (a) の形になった、という説明になります。

この説明は、初心者にはわかりやすい一方で、説明のために the place という語をいったん補って、しかもそれをまた最終的に省略するというのは無駄の多い説明だと考える人もいるのです。そこで、そうした考え方を避けるために、次の②のような説明をする人もいるわけです。

② where の前には何も省略されていないと考える場合
　この場合、from は前置詞で、その目的語は where you live という節全体ということになります。(したがって、この考え方だとこの節は**名詞節**です)　そしてこの where は、中に the place という先行詞を含んだ特別な関係副詞だと考えるのです。このように**先行詞を含んだ関係副詞**という概念を導入すれば、

　This is why she went home early.
　(だから彼女は早く家に帰ったのです)

という英文も、This is (the reason) why she went home early. という文から the reason が省略された文だと考える代わりに、is の補語は why のまとめている名詞節全体で、why は the reason という先行詞を含んだ関係副詞、と説明することができます。

5　制限用法と非制限用法

　関係詞には、この「制限用法」「非制限用法」という2つの用法があります。(前者を「**限定用法**」、後者を「**非限定用法**」「**継続用法**」「**連続用法**」と呼ぶ場合もあります)　「制限」というのは「先行詞に条件をつけて該当する候補を制限する」といった意味から来ています。この2つの区別は簡単です。

- **制限用法**：　関係詞の直前にカンマが**ない**
- **非制限用法**：関係詞の直前にカンマが**ある**

要するに「**関係詞の前にカンマがあるかないか**」です。この違いはたいてい次のような2つの文を比較することで説明されます。

(a) I have a daughter **who** lives with me. 〈制限用法〉
(b) I have a daughter, **who** lives with me. 〈非制限用法〉

(a) は「いっしょに暮らしている娘が1人いる」の意味なので、「まだ他にも（同居していない）娘がいる可能性がある」、(b) は「私には娘が1人いて、私と同居している」という意味なので「娘は1人」というニュアンスです。

ただ、このような説明を読むと「制限用法は関係詞の後ろから訳しあげ、非制限用法は前から訳し下す」と、あたかも訳す順序の差が違いであるかのように錯覚しがちです。別に制限用法を前から訳し下したり、非制限用法を後ろから戻って訳しても、結果として出てきた訳語が、常識から考えて内容的に誤解の生じない日本語なら問題はありません。

なお、非制限用法の関係詞節を、主語と動詞の間に置く場合は、関係詞の前だけではなく、節の終わりにもカンマを打つ必要があります。次の文でJapanとcanの間にカンマを打たないと誤りになりますので注意しましょう。

Mt. Fuji**, which** is the highest mountain in Japan, can be seen from quite a distance.
（富士山は日本一高い山でかなり遠くから見える）

6-2 さまざまな関係詞の用法

1 関係詞連鎖

この「連鎖」という用語自体は専門用語ですが、とてもよく見かける用法なので説明しておきます。次の2つの文を見てください。

(a) *The man* turned out to be a stranger.
　　(その男は見知らぬ人であることが判明した)
(b) I thought **the man** was Tom's brother.
　　(私はその男をトムの弟だと思った)

(a)と(b)を合体させ「私がトムの弟だと思った男は、見知らぬ人であることが判明した」という文を作ると(c)のようになります。

(c) *The man* **who** I thought was Tom's brother turned out to be a stranger.

この(c)では関係代名詞 who の直後に、(b)で下線を引いた I thought が見た目上割り込んだような形になっています。(もちろん、そう見えるだけで、実際には(b)の文の the man が who に置き換えられて I thought の前に移動しただけです)

このように、関係代名詞の直後に I think とか he says のような S + V が割り込んで見える形を「**関係詞連鎖**」とか「**連鎖関係詞節**」と呼んでいます。**関係詞連鎖の場合は主格の関係代名詞でも省略ができるので**、上の(c)の文の who を省略して、次のように書くことも可能です。

(c′) *The man* I thought was Tom's brother turned out to be a stranger.

2　二重限定

　関係代名詞に「**二重限定**」とか「**二重制限**」と呼ばれる用法があります。この「二重に限定する」というのがどういうことなのか説明しましょう。たとえば、単に people といえば、そこらにいる人々を漠然と指しますが、もし関係詞節が1つ付いて、

　people (whom) I know

となれば、「(そこらにいる人々の中で)『私の知っている』という条件を満たす人々」→「私の知っている人」と限定されます。二重限定というのは、この後にもう1つ関係詞節を置いた形のことです。ただし2つの関係詞節の間に and や but のような接続詞は置かず、またカンマも打ちません。ただ並べて次のようにします。

　people (whom) I know **who** are talented

　こうすると「そこらにいる人々の中で私の知っている人々」と一度対象を絞った後で、「さらにその中で才能のある人」と再度条件をつけることになり、上の英語は「私の知っている人の中で才能のある人」という意味になります。ちょうどパソコン上のデータベースに、ある条件をつけて検索して、そのヒットしたデータにさらにまた別の条件をつけて絞り込む、というイメージで考えればいいでしょう。では用例を見ておきましょう。どちらも1つ目の関係代名詞は省略されています。

(a) Is there anything you have done **that** you regret?
　　(これまでしたことの中で後悔していることはありますか)
(b) He is the only person I know **who** has been to Mongolia.
　　(彼は私が知っている中でモンゴルに行ったことのある唯一の人です)

3 関係形容詞

ここでは、どんな語が「関係形容詞」に分類されるのかと、そう呼ぶ理由について説明します。

まず、interesting books (面白い本) というフレーズの interesting の品詞は何でしょう？ えっ、「面白い」という意味だから「形容詞」に決まってるのでは？ いえ、意味 (厳密にいうと日本語の訳) だけで品詞を決めるのは危険です。**品詞は文の中でのその単語の役割で決めるのが基本**です。ここでは、この interesting は books という名詞を修飾しています。英文法で「**名詞を修飾するのは形容詞**」なので、この interesting は形容詞だといえます。

では次に、his books の his の品詞はなんでしょう？ 実はこの問いには2通りの答えがあるのです。

答①： his は代名詞 he が he - his - him と変化したときの形の1つ (所有格) だから元の he と同じく his も代名詞。

答②： his は名詞 books を修飾しているのだから上の例の interesting と働きはまったく同じ。interesting が形容詞なのだから、his だって形容詞。(この考え方では、この his のことを「**所有形容詞**」と呼びます)

ここにあげた2通りの考え方は、どちらが正しい、間違っている、ということはなく、どちらにもそれなりの根拠があります。

では、以上をふまえて次の文の whose の品詞を考えてください。

I have a friend **whose** father is a doctor.

そう、もうおわかりのとおり、これにも2通りの答えがあるのです。

答①： whose は関係代名詞 who が who - whose - whom と変化する1つ (所有格) だから、元の who と同じく関係代名詞。

答②： この whose は名詞 father を修飾している。「名詞を修飾

するのは形容詞」だから、この whose も形容詞。したがって whose は関係形容詞。

「代名詞」の前に「関係」という言葉がついているだけで、先ほどの his の場合とまったく同じ考え方です。なので、ある意味、この whose が皆さんが最初に習う**関係形容詞**だということもできます。

さて、今度は次の英文を見てください。

This may take longer, in **which** case we'll let you know.
（これはもっと時間がかかるかもしれませんが、その場合にはお知らせします）

これは次の2つの文が1つになったと考えるといいでしょう。

This may take longer. + *And* in **that** case we'll let you know.

つまり、in which case の部分は、in that case（その場合には）という慣用句の that が which に置き換わり、文の前半の SV と後半の SV をつなぐ接続詞の役割も兼ねていると考えられます。

ところで、この which の品詞はなんでしょう？ in that case の that は case（場合）という名詞にかかる形容詞ですから、in which case の which も that と同じ働き、つまり名詞 case にかかる役割を受け継いでいますから形容詞です。するとこの which も「関係形容詞」の一種であると考えることができます。

さて、関係形容詞にはもう1つ what があり、文法書で関係形容詞といえば、この what を指すのがふつうです。では、その関係形容詞 what の例文を見てみましょう。

I	gave	him	*what little money I had.*
（私は）	（与えた）	（彼に）	（？？？）

what を「疑問」の意味で解釈すると、what little money は「何の（どんな）わずかなお金」となり意味をなしませんし、「物・こと」

という (先行詞を含んだ) 関係代名詞だと考えても解釈不可能です。

この例文で使われている what は関係形容詞で、「すべての...」の意味で後ろにある名詞 money を修飾しています。しかし「すべて」といっても、全体がわずかな数量の場合であることが多く、それを強調するために little や few が what の後に置かれて「わずかではあるが (すべての) ...」という意味でしばしば使われます。冒頭の英文は「私は持っていたわずかながらの金をすべて彼に与えた」という意味になります。

4　擬似関係代名詞

「擬似」というのは「本物ではないけど似ている」という意味ですから、**擬似関係代名詞**というのは「純粋な関係代名詞ではないけれど、使い方が関係代名詞と似ている語」とでもいったらいいでしょう。具体的には、**as, than, but** の3つの語が以下のような使われ方をした場合に、そう呼ばれます。(ただし than を擬似関係代名詞だと考えない学者もいます)

① 擬似関係代名詞 as

大きく分けて2通りの使い方があります。

(1) 先行詞に as, such, the same がついている場合

この3語はどれも as と仲良しです。つまり as ... as, such ... as, the same ... as のようなフレーズが慣用的になっていますから、後ろに as を置きたくなるのでしょうね。このような場合、ふつうなら who や which が使われる位置に as が使われていると考えればいいでしょう。例を見てみましょう。

Choose *such* friends **as** will benefit you.
(自分に利益をもたらすような友人を選びなさい)

Avoid using *the same* password **as** you already use.
(すでに使っているのと同じパスワードを使うのは避けなさい)

※ the same の場合はふつうの関係代名詞 that や which も使えます。

(2) 前文の内容の全体または一部を受ける用法

(a) My son likes rock music, **which** is often the case with young people.

(b) My son likes rock music, **as** is often the case with young people.
(若者にはよくあることだが、うちの息子はロックが好きだ)

　非制限用法の関係代名詞 which には (a) のように前文の内容を先行詞とする用法がありますが、as にも同じ用法があります。上の例文の which, as ともに is の主語となる関係代名詞で、先行詞は「ロックが好き」という内容です。なお、(a) と違って、(b) では as 以降が節ごと文頭に置かれて、次のようになることもしばしばあります。

(b′) **As** is often the case with young people, my son likes rock music.

② 擬似関係代名詞 than

先行詞に比較級がついている場合に使われ、次がその例です。

Don't bring *more* money **than** is necessary.
(必要以上の金を持って来るな)

　ただし、次の (c) のように than の直前に先行詞となる名詞がなかったり、(d) のように先行詞が複数形でも was が使われたりすることがあるため、この than は関係代名詞ではなく接続詞だと考える専門家もいます。

(c) Miscarriage happens *more* often **than** is generally believed.
(流産は一般に信じられているよりも頻繁に発生する)

(d) There were *more* people **than** *was* expected.
(予想された以上の数の人がいた)

③ 擬似関係代名詞 but

古風で、ことわざや格言などに使用され、that ... not の意味で解釈します。先行詞の部分に必ず否定的な意味を持つ語句が置かれます。

There is *no* rule **but** has some exceptions.
(例外のない規則はない)

これと同じ意味は現代のふつうの英語だと、たとえば、

There is *no* rule **without** (some) exceptions.

のように but を使わないで表すことが可能です。

5 複合関係詞

関係代名詞に -ever がついた語を「**複合関係代名詞**」、関係副詞に -ever がついた語を「**複合関係副詞**」といい、その2つを合わせて「**複合関係詞**」といいます。

- 複合関係代名詞： whoever, whomever, whatever, whichever
- 複合関係副詞：　 whenever, wherever, however

この「複合」という名称は、この複合関係詞が〈関係詞 + ever〉という「複合語」(☞ p.201) の形をしているから、と考えられますが、次の (1) のように定義した場合は、「先行詞を含んでいる」から「複合」と呼ぶ、という考え方もできます。

複合関係詞については、以下の点に注意してください。

（1） 上にあげた定義とは別に、「複合関係詞＝先行詞を含む関係詞」と書いてある文法書もあります。その考え方だと、たとえば、

(a) This is **what** I want.（これが私の欲しいものだ）
(b) This is **where** I belong.（ここが自分の本来の居場所だ）

のような what と where、そして同様の使い方をする why, when, how なども複合関係詞ということになります。

（2） 複合関係副詞の中には、接続詞だと考えることができるものもあります。

(c) I can work **when** I have time.（時間のあるときに働けます）
(d) I can work **whenever** I have time.
  （時間のあるときにいつでも働けます）

(c) の when は「〜するとき」という意味の従属接続詞です。(d) の whenever も (c) の when とまったく同じように使われていますから、この whenever は when と同じ従属接続詞だという主張も成り立ちます。

wherever も同様です。

(e) I want to go **where** you go.（あなたの行くところに行きたい）
(f) I want to go **wherever** you go.
  （あなたの行くところはどこにでも行きたい）

(e) の where は「〜するところへ [で]」という意味の従属接続詞です。(f) の wherever も意味は「〜するところはどこへ [で] でも」の意味で、(e) とまったく同じように使われていますから、従属接続詞だという考え方も成り立つわけです。

第7章
「脇役」の文法事項

この章では、一般の文法書では特殊構文として扱われる、「否定・倒置・強調」を含め、これまでの章で取り上げることができなかった、いわゆる「脇役」ともいえる文法事項を中心に扱います。「脇役」といっても英語を読んだり書いたりしていてふつうに出てくる文法事項であり、ある意味、盲点になりがちな項目ばかりです。この辺の用語をマスターすれば、ふつうの英文法書を読んでいて知らない用語に出会うことはほとんどなくなるでしょう。
あと一息です。がんばって読み進めてください。

第7章 「脇役」の文法事項

7-1 否定・倒置

1 部分否定

次の2つの文を比べてみてください。

(a) He knows everything about baseball.
(b) He does*n't* know everything about baseball.

(a) の文は「彼は野球についてすべてを知っている」という意味ですね。では、その否定文 (b) はどんな意味になり、どう訳せばいいでしょうか。

英語で、「100%」の意味を持つ語、たとえば all, both, everything, everybody や always, necessarily などが使われている文を否定文にすると「0%」の意味にならず、一部だけが否定されて、「全部が…というわけではない；すべてが…とは限らない」という意味になります。このような否定を「**部分否定**」といいます。これを「全部知らない」と訳すと、それが部分否定なのか、「何も知らない」の意味なのかあいまいなので、上に書いたように「野球についてすべて知っているわけではない、…とは限らない」と訳すのが慣例です。

それでは「何も知らない」という意味を英語ではどう表現するかというと、次の (c) や (d) のように、no を含んだ否定語や not … any の形を使います。

(c) He knows *nothing* about X.
(d) He does*n't* know *anything* about X.

どちらも「彼はXについてまったく［何も］知らない」という意味です。このようにすべてが打ち消されて0％の意味になる場合を部分否定に対して「**全体否定**」とか「**全否定**」といいます。

2 二重否定

これは文字通り、1つの文の中で否定を2回重ねて使うことです。まず例を見てみましょう。

They *cannot* meet *without* quarreling.

これは「彼らは口論せずに顔を合わせることはありえない」、つまり「彼らは会うと必ず口論になる」という意味を表します。1つの文の中に、cannot と without という否定の意味を持った語が2回登場していますので「**二重否定**」と呼ばれます。また、次のように、主節と関係詞節の両方に否定語が含まれている場合にもそう呼ばれます。

There is *no one* who *doesn't know* about this.
(このことについて知らない人はいない)

さて、次の文を見てください。

* I did*n't* eat *nothing*. (《俗》私は何も食べなかった)

もちろん、これは現代の標準英語では誤りで、I did*n't* eat *anything*. または I ate *nothing*. というのが正しいのですが、英語の方言や、俗っぽい英語などでは、このように否定を2回重ねても意味が否定のままのことがあり、こうした形にも「二重否定」いう用語が使われることがあります。この場合は、最初に紹介した (文法的に正しい) 二重否定とは意味が違いますので注意しましょう。

3 語否定と文否定

not などの否定語がどこからどこまでを否定しているのかを考えることは文の意味を考える場合に重要です。英語では、**述語動詞を否定すると文全体の内容が打ち消される**のがふつうです。たとえば、

He *is* a teacher.	➡	He *is* **not** a teacher.
(彼は教師です)		(彼は教師ではありません)
She *likes* pizza.	➡	She **doesn't** *like* pizza.
(彼女はピザが好きです)		(彼女はピザが好きではありません)
He *can play* the flute.	➡	He **can't** *play* the flute.
(彼はフルートが吹けます)		(彼はフルートが吹けません)

しかし、not は置く位置によっては、文全体の内容を否定しないで、直後の語句だけを否定する場合があります。たとえば、

Many of them believed it. (彼らの多くがそれを信じた)
➡ **Not** *many* of them believed it.
　(彼らのうちそれを信じたものは多くはなかった)
I told them *to come*. (私は彼らに来るように言った)
➡ I told them **not** *to come*. (私は彼らに来ないように言った)

このように、**文中の一部の語句だけが否定される用法**は「語否定」と呼ばれています。それに対して、最初にあげたような、**文全体の内容が打ち消される用法**は「文否定」と呼ばれます。

この語否定と文否定はちょっと紛らわしい場合もあります。たとえば、

I **didn't** marry him because he was rich.

という文は、文脈によって、

(a)「彼が金持ちなので結婚しなかった」(＝彼と結婚しなかった)
(b)「彼が金持ちだから結婚したわけではない」(＝彼と結婚した)

のどちらにも解釈が可能です。(a) の not は marry という動詞だけを否定する「語否定」ですが、(b) の not はその否定の範囲が because 以降の理由まで含めた文全体に及んでいますので「文否定」だと考えることができます。

4 準否定語

英語で「ほとんど〜ない」「めったに〜ない」のような意味を持つ場合を「**準否定**」と呼び、そのような意味を持つ語を「**準否定語**」といいます。以下のようなものがあります。

- **数量**を表すもの：few, little
- **頻度**を表すもの：seldom, rarely, scarcely
- その他：hardly

これらの語句はすでに否定の意味を含んでいますから、not や never といった他の否定語と同時に使うことはできません。

× I *can't* **rarely** find time to do it.
　（それをする時間がめったに見つけられない）
　☞ can't ➡ can にする

また、付加疑問文を作るときも、他の否定文と同様、肯定形の形を添えて作ります。

Tommy **seldom** visits us, *does he*?
（トミーはめったに私たちのところに来ないよね）

5 倒置とその種類

日本語では「僕は君のことが好きだ」を「好きなんだよ、君のことが、僕は」みたいに語順を変えていうことが可能です。しかし英語では、I love you. という文を Love you I. という語順でいうことはできません。日本語には「が」や「を」といった助詞があるおかげで単語の配列はかなり自由ですが、英語は語順が大切ですから、自分が好きなようにやたら単語を並べていいわけではなく、もし語順を変えるときは一定のルールが存在します。それが「倒置」です。

第7章 「脇役」の文法事項

英語では原則として「**主語と動詞の語順が入れ替わっている形**」を「**倒置**」と呼びます。ただし、その「主語と動詞の語順の入れ替わり方」に2つのパターンがあります。その2つとは、

① 〈主語＋動詞〉が、単語の形は一切変化しないで、語順だけ入れ替わって〈動詞＋主語〉となる

 the bus comes　➡　comes the bus
 the bus came　➡　came the bus
 the bus was　➡　was the bus

② 〈主語＋動詞〉が、疑問文の出だしと同じ形になる

 the bus comes　➡　does the bus come
 the bus came　➡　did the bus come
 the bus was　➡　was the bus

つまり②の場合、一般動詞（be動詞以外の動詞）は、〈do, does, did＋主語＋原形〉という形になり、be動詞や助動詞（canやwillなど）はそのまま前へ出ます。（この場合は①と同じ形になります）ただ、この形を説明するのにいちいち「一般動詞」とか「助動詞」とか場合分けを持ち出すのも大変なので、便宜上「**疑問文と同じ語順の倒置**」とか「**疑問文の形の倒置**」のように呼ぶことがあります。この①と②のどちらの形の倒置を使うのかは、英語で決まっていて、自分で勝手に選ぶことはできません。上の①②の形はそれぞれ、たとえば次のような文で使われます。

 ①の例：Here *comes the bus*!（ほら、バスがやって来た！）
 ②の例：Not only *did the bus come* late, but it broke down.
    （バスは遅くやってきただけではなく、故障した）

さて、上のあげた2つの形以外にも、文が正常とは違う語順になることがあります。比較的よく出てくるのは、たとえば次のような文です。

(a) SVO ➡ OSV

I love **dogs**, but I can't stand **cats**.

➡ **Dogs** I love, but **cats** I can't stand.

(犬は大好きだが、猫には我慢ができない)

(b) SVOC ➡ SVCO

She tore **the envelope** *open*.

➡ She tore *open* **the envelope**.

(彼女はその封筒を破って開けた)

(c) 一部の慣用表現で

Young as he is, he has a lot of experience.

≒ Although he is *young*, he has a lot of experience.

(彼は若いけれども経験豊富だ)

こうした形は、SV の位置はそのままで、それ以外の O や C が移動していますので、「主語と動詞の語順が入れ替わるのが倒置」という定義が当てはまりません。しかし、正常ではない語順の文をまとめて学習した方がわかりやすいこともあり、この (a) 〜 (c) の形も含めて「倒置」として扱われることが一般的なようです。

7-2 話法

1 直接話法と間接話法

「話法」というのは、人が話した言葉を表す方法のことです。英語には大きく分けて以下の2つの話法があります。

- **直接話法**: 人が言ったセリフをそのまま引用符 (" ") の中に書いて表す方法。【例】Tom said, " I am tired. "
- **間接話法**: 人が言ったセリフを、それを伝える人の立場で言い直して表す方法。【例】Tom said that he was tired.

そして、「直接話法」の文を「間接話法」の文に書き換えたり、「間接話法」の文を「直接話法」の文に書き換えることを「**話法の転換**」といいます。

話法の転換の際、人称代名詞や時・場所を表す副詞などいくつかチェックポイントがあります。中でも注意するのは動詞の語法です。「言う」とか「尋ねる」に対応する、say, tell, ask などの動詞はそれぞれ後に続く形が決まっていますから、注意しなくてはいけません。

Tom **said**, " I am tired. "
→ ○ Tom **said** that he was tired.
→ × Tom *told* that he was tired.
Jane **said** to me. " I am tired. "
→ ○ Jane **told** me that she was tired.
→ × Tom *said* me that she was tired.

こうした話法の転換で使われる動詞をまとめて「**伝達動詞**」と呼びます。代表的な伝達動詞は say, tell, ask です。そして伝達動詞によって導かれるセリフに相当する部分を「**被伝達部**」ということ

があります。

2　描出話法

この描出 (「びょうしゅつ」と読みます) 話法というのは、上にあげた直接話法と間接話法が合体したような形で「**自由間接話法**」ともいいます。小説などで登場人物の心理描写などを表す場合によく用いられます。

まず、以下のイタリックの部分の意味を考えてください。

The lift came and she got into it fearfully.　She was alone in the lift.　*Would she have to operate it herself?*

上の英文は「エレベーターが来て彼女は恐る恐るその中に入った。エレベーターの中は彼女一人だった」に続く部分が描出話法ですが、これをそれぞれの話法で書くと次のようになりますので比較してみてください。

- 直接話法：She wondered, " Will I have to operate it myself? "
  （「あたしが1人で操作しなきゃいけないの?」と彼女は思った）
- 間接話法：She wondered if she would have to operate it herself.
- 描出話法：Would she have to operate it herself?

描出話法には、「…と言った [思った；尋ねた]」に相当する部分 (主語＋伝達動詞) がないのが基本です。またその後のセリフに相当する部分は、動詞が時制の一致を受けたり人称が変わったりと、間接話法のような形になります。慣れないとちょっとわかりづらい用法です。

第7章 「脇役」の文法事項

7-3 その他

1 強調構文

「**強調構文**」とは、次のような **It is X that ....** (...なのは X だ) という形を使って、it is と that に挟まれた X の意味を強める構文をいいます。専門家の間では、しばしば「**分裂文**」と呼ばれます。

(a) **It was** *the Beatles* **that** changed the world of music.
（音楽の世界を変えたのはビートルズだった）
(b) **It was** *on the train* **that** they met for the first time.
（彼らが初めて会ったのは電車の中だった）

強調構文で強調できるのは、原則、名詞要素と副詞要素だけです。(a) では the Beatles という名詞が、(b) では on the train という副詞句がそれぞれ強調されています。

ところで、強調構文で使われている that の品詞は何でしょう。複数の英和辞典を引いて調べてみると、接続詞だと書いてあったり、関係詞だと書いてあったり、見解がバラバラです。したがって品詞についてはあえて決めずに構文全体を覚えておきましょう。

2 譲歩

「譲歩」という用語は、文字通りには「道を譲る」という意味ですから、自分の意見を主張するために、「自分の意見だけをズバズバいう前に、相手に道を譲って［一歩引いて］、相手の意見をいったんは受け入れる（ふりをする）」というニュアンスで使われます。日本語でいうなら、次のような感じになるでしょうか。

「おっしゃりたいことはよくわかりますが…」
「なるほどいわれてみればそれも一理ありますが…」
「確かに世間ではそういうふうに思う人も多いですが…」

この最後の「が…」の後に、たいてい筆者の主張（＝反論）が続くわけです。

英文法で「譲歩」という場合、以下の2つのケースが考えられます。

① （上で述べたような）自分の意見をいう前の「なるほど確かに…ではありますが」という部分

「…」の部分には、「想定される読者からの反論の先取り」とか「世間の俗説」が置かれるのがふつうです。英語でこの意味を表す代表的なパターンは以下のような英文です。太字の部分とbutの関係に注目してください。（すべて同じ意味のバリエーションです）

It is true that money is important, *but* it is not as important as health.（お金が大切なのは確かだが、健康ほど重要ではない）

Indeed money is important, *but* it is not as important as health.

Money is important, **to be sure**, *but* it is not as important as health.

Of course money is important, *but* it is not as important as health.

Money **may** be important, *but* it is not as important as health.

② 副詞節が「その副詞節の内容に関係なく、主節の内容が成立する」という意味を持つ場合

これも譲歩と呼ばれ、以下の例文のイタリックの部分がその例です。

Even if the weather is not good, you can still enjoy the view from there.

(たとえ天候がよくなくても、それでもそこから眺めが楽しめます)

Whether it rains or not, we will go on a trip.
(雨が降ろうと降るまいと、私たちは旅行に行きます)

No matter what happens, just be yourself.
(たとえ何が起きようと、いつもの自分のままでいなさい)

Although I was tired, I stayed up late last night.
(疲れていたが、昨晩は遅くまで起きていた)

なお、最後の although を使った例とほぼ同じ内容を、等位接続詞の but を使って次のようにしても、なぜか譲歩とは呼ばないのが一般的のようです。

I was tired **but** I stayed up late last night.

3 省略

私の通っていた大学で、当時、言語学の大御所であった C 先生は「僕は『日本語は主語を省略する』という言い方をする学生がいたら教室から追い出す！」とおっしゃっていました。C 先生いわく「『省略』とは元々あるものが消える現象をいうのであって、初めからないものを『省略』とはいわない。日本語の主語は、あえて強調する場合以外、いわない方がふつうなのだから、それを『日本語は主語を省略する』というのはけしからん」という主旨でした。

そこで、英文法での本書の「省略」の定義も、それにならって「本来あるはずの語句が消えること」…としたいところですが、実はその「本来」の判断が微妙なのです。たとえば、次の文の the man と you の間には「関係代名詞が省略されている」と習います。

Is he the man you saw? (彼があなたが見た男ですか)

しかし、「目的格、特に whom の場合、関係代名詞はない方がふ

つうだ」と考えたり、関係詞は初めからない（接触節☞ p.172 ）と考えたりすることもできます。そうすると、先ほどの定義によれば、この文には「省略」はないことになります。ただ、学習者の視点では、この形を「省略」と呼ぶことは十分納得できます。皆さんも、ここはそうした議論があるくらいに考えていただければと思います。

省略には2つの種類があります。

① その語句があってもなくても、どちらも文法的に正しい
② その語句の省略は義務で、あると文法的に誤り

たとえば、「トムはボブより背が高い」という比較の構文で、

(a) Tom is taller than Bob.
(b) Tom is taller than Bob is.
(c) Tom is taller than Bob is *tall*. (誤文)

比較の焦点となっている形容詞 tall が (c) のように文末に残っている形は誤りで、必ず省略する約束（これを「**強制消去**」と呼ぶことがあります）になっています。それに対し、(b) の文末の is は「省略するかしないかは自由」（これを「**任意消去**」と呼ぶことがあります）で、省略すれば (a) の形になります。英文法で省略を学習する際、このどちらのタイプの省略なのか注意する必要があります。

さて、ここでちょっと次の文を見てください。

「おじいさんは山へ芝刈りに、おばあさんは川へ洗濯に行きました」

この文は最後の「行きました」の部分が、前半の「山へ芝刈りに」にも、後半の「川へ洗濯に」にもつながっていて、次のような構造になっています。

おじいさんは山へ芝刈りに　　┌─────┐
　　　　　　　　　　　　　　│　　　│
　　　　　　　　　　　　　　└──↑──┘
おばあさんは川へ洗濯に　　　行きました

数式でいえば、$(a + b)x$ という式を $ax + bx$ のように解釈する、という感じだと思えばいいでしょう。実は英語にもこれとまったく同じ形の省略形が存在します。

His father was a stage actor and **his mother a singer**.

この英文は次のように解釈できます。

```
His father   was   a stage actor and
              ↓
his mother {     } a singer.
```

ただ、日本語と違って文の中央にある動詞が消えているので、慣れないとちょっと読みづらいかもしれません。このような形は一般的には「**空所化**」と呼ばれます。

4 一致、呼応

ある単語の形を、他の語句に合わせてそろえることを「**呼応**」と呼びます。英文法でよく取り上げられるのは、次の2つです。

① 主語が単数扱いか複数扱いかに合わせ、述語動詞の形をそろえる
② 名詞を単数形にするか、複数形にするかを、その名詞を修飾する形容詞に合わせて決める

またこの①と②に加えて、③「時制の一致」(☞ p.145) を含め、まとめて「**一致**」という用語で扱うこともあります。ここでは①と②を見ておきましょう。

① 主語と動詞の呼応 [一致]

分数が主語の場合、述語動詞はその母体の名詞の単数・複数にそろえます。たとえば次の2つの文を比べてください。

(a) Two-thirds of *the book* **is** written in Japanese.
(b) Two-thirds of *those books* **are** written in Japanese.

　(a)は本が1冊あって「その本の3分の2は日本語で書かれている」という意味です。主語はTwo-thirdsですが、動詞がisになるかareになるかは、直前のthe bookが単数ですからそれに一致させます。一方、(b)は「それらの本のうち3分の2は日本語で書かれている」です。主語は(a)と同じくTwo-thirdsですが、全体がthose booksという複数ですので、動詞はareになります。

　また、「**関係代名詞の節内の動詞は先行詞に一致させる**」というルールがあります。たとえば、次の文で関係詞節の中の動詞liveに三単現のsがついているのは、主語whoの指している先行詞がmy childrenではなくthe only oneという単数扱いの語句だからです。

John is *the only one* of my children who **lives** close by.
（ジョンは私の子供たちの中で近くに住んでいる唯一の子だ）

② 名詞の数の呼応［一致］
　名詞の数の呼応が問題になるのは、たとえば次のような場合です。

If *more than one person* **is** nominated, there will be an election.
（複数の人が候補にあがった場合は選挙が行われます）

　more thanというのはその数自身を含まない「～以上」の意味ですからmore than oneというのはこの文では「2人以上」を表します。ところが、上の例でわかるようにそれに修飾されているpersonという語は単数形です。つまり意味の上では複数でも、直前にあるoneという語に影響されて単数形が使われるのがふつうで、それを受ける動詞もareではなくisが使われます。
　ではもう1つ。次の英語の下線部は何と読みますか？

Water freezes at 0 ℃ . (水は摂氏0度で凍る)

Cは「摂氏」を表す記号で、CelsiusとかCentigradeとか読みますが、問題はその前の「0度」の部分です。「度」は「程度」という意味の語 degree を使うのですが、では zero degree と読むかというと、そうではありません。英語では **zero は複数形の名詞を呼応させることになっている**ので、正解は **zero degrees** です。

こうした単語と単語の形をそろえる場合に、「一致」とか「呼応」という用語が使われます。

5　ディスコースマーカー

この「**ディスコースマーカー**」という用語は、日本語では「**談話標識**」と訳されます。標識というと、「ここで一時停止」とか「速度を落とせ」のような車の進み方に関する合図を送る役割をしますね。文章を読む場合のディスコースマーカーも同じで、簡単にいうと「話がどのような方向に向かって行くのかを示す語句」ということです。どのような語句がディスコースマーカーと呼ばれるのか具体例を見ておきましょう。

① その後の内容展開を方向付けするもの
　【言い換え】in other words（言い換えれば）/ that is（すなわち）
　【結果】as a result（その結果）
　【結論】in conclusion（結論として；最後に）/ finally（最後に）
　【対照】on the other hand（一方で）/ in contrast（それとは対照的に）
　【付加】also（また）/ besides（その上）/ in addition（それに加えて）
　【要約】in short（端的にいうと）
　【例示】for example（たとえば）/ such as（たとえば〜のような）
　【列挙】first, second（第一に、第二に）/ then（次に）
　【話題の転換】by the way（ところで）

② 論理関係を示すもの
【順接】therefore（したがって）/ that is why（だから）/ so（だから）
【逆接】but, however（しかし）/ nevertheless（それにもかかわらず）
【理由】this is because（これはなぜかというと）

③ 話し手のコメントを添えるもの
indeed（確かに）/ as you know（ご存知のように）/
of course（もちろん）/ what is worse（さらに悪いことに）/
it is true … , but（…なのは本当ですが）

もちろん、これら以外にもディスコースマーカーと呼ばれるものはたくさんありますし、分類方法もさまざまです。ここでは、こうした語句をそう呼ぶのか、くらいに思っていただければ結構です。

6　単語関連の用語

単語関連の用語も見ておきましょう。

日本語の1つの漢字が「へん」や「つくり」に分解できるように、英語の単語も、いろいろなパーツに分けて考えられる場合が多々あります。（見方を変えれば、いろいろなパーツが組み合わさって1つの単語ができるともいえます）　まずは例を見てください。

large（形容詞「大きい」）　→　**en**large（動詞「拡大する」）
strength（名詞「力」）　→　strength**en**（動詞「強める」）
lucky（形容詞「幸運な」）　→　**un**lucky（形容詞「運が悪い」）
move（動詞「動かす」）　→　mov**able**（形容詞「動かせる」）

左側の単語の前後に太字で示したような部分が添えられ、いろいろな意味を加えたり、単語の働き（品詞など）を変えています。こうしたもののうち、単語の前に付くものを「**接頭辞**」、後ろに付くものを「**接尾辞**」といいます。無数にありますが、代表的なものを

以下にあげておきましょう。

> 【主な接頭辞】
>   anti- (反) / bi- (2つの) / counter- (反対の) / mono- (単) /
>   quarter- (4分の1) / semi- (半分の) / un- (不)
> 【主な接尾辞】
>   -able (〜できる) / -ify (〜化する) / -ology (〜学)

　そして、こうした接頭辞や接尾辞を取り除いた、いちばん元となる単語の形を「**語根**」とか「**語幹**」といっています。この語根と語幹という用語は区別して使う学者もいるのですが、学習者にとっては同じものだと考えていいでしょう。

　このように、ある1つの単語の前後にいろいろな要素がついて関連する語がどんどん作られます。このような関連語を元の単語の「**派生語**」といいます。派生語には、単語の**名詞形**や**形容詞形**なども含まれます。たとえば、kind (形容詞：親切な) の名詞形はkindness (親切)、副詞形は kindly (親切に)、反意語は unkind (不親切な) で、これらはみな kind の派生語です。ただ、上の例でいうと「kindness の形容詞形は kind である」ともいえますから「どの語を元の語と考えるか」というのは実はあいまいな場合もあります。

　現在英語で使われている単語の多くは、さかのぼればギリシャ語やラテン語などが元になってできています。たとえば、peninsula (半島) という語を英和辞典で引くと、《< pene- + insula》のように「<」という記号 (arrowhead といいます☞ p.220) で元になった形が示されていたりします。これは peninsula という語が、元々はpene という接頭辞と insula という語がいっしょになってできた語ですよ、という、その単語の由来を示しています。pene はラテン語由来の接頭辞で almost の意味を、insula は「島」を表すので、この語は元々「ほとんど島」という意味だったことがわかります。このように英語の歴史をさかのぼって、その語がどのようにして今ある意味や形になったのかをつきとめようとするとき、その語の由

来に「**語源**」という言葉を使います。

さて、ここまでは1つの単語を分解した場合をお話ししましたが、次は複数の語が1つになった場合をお話ししましょう。次の語を見て意味を考えてください。

(a) doghouse　　(b) payday　　(c) lipstick

(a) は dog（犬）+ house（家）で「犬小屋」、(b) は pay（給料）+ day（日）で「給料日」、(c) は lip（唇）+ stick（棒）で「口紅」です。

このように元々独立していた2語の単語がまとまって1つの単語になったものを「**複合語**」と呼びます。複合語の構成要素は名詞だけとは限りません。oversleep（寝過ごす）や lifelong（生涯の）といった動詞や形容詞からできた語も複合語です。そして複合語の中でも、1語で綴らずに2語に分けて綴る語を特に「**分離複合語**」といいます。

【分離複合語の例】
cold front（寒冷前線）/ spaghetti western（マカロニウェスタン）/ Adam's apple（のどぼとけ）/ French leave（無断欠勤）/ Brussels sprout（芽キャベツ）/ Indian summer（小春日和）

「じゃあ、college students や a TV station とかも分離複合語ですか？」なんていう質問が出そうですね。もちろん、そういう考え方もできます。ただ、あえて「分離複合語」という名称でいう場合は、たいてい「その2語の持っている意味を単純に足したものとは違う意味・ニュアンスを持つ慣用的な表現」のことをいう場合が多いのです。college（大学）+ students（学生）というのは単純に2つの単語の持っている意味を足し算した意味しか表していませんから、ふつうは分離複合語とはいいません。

今度は次の文の太字の単語の意味を比べてみてください。

(a) He is a **fast** runner.
(b) He is **fast** asleep.
(c) Muslims **fast** during Ramadan.

　(a) の fast は「速い」の意味の形容詞で、全体は「彼は走るのがとても速い」ですね。(b) の fast は「ぐっすりと」の意味の副詞で、「彼はぐっすりと寝ている」です。(以前この英文を「彼は寝るのが速い」、つまり床に就くなりバタンキュー、という意味だと勘違いした人がいました！) (c) の fast は動詞の「断食をする」なので、「イスラム教徒はラマダン中は断食をする」の意味です。このように綴りや発音が同じで意味が異なる単語を「**同音異義語**」といいます。これは見方を換えれば、1つの単語が複数の意味を持つので「**多義語**」だということもできます。

　それと紛らわしいのですが、発音が同じで綴りが違う（当然意味も違う）語は「**同音異綴語**」といいます。以下のようなものがその例です。（※発音記号については次の章で解説します）

one (1) と won (勝った)　☞　どちらも発音は /wʌ́n/
two (2) と too (〜も)　　☞　どちらも発音は /túː/
eight (8) と ate (食べた)　☞　どちらも発音は /éit/

7　コロケーション

　日本語で「身につける」という意味の動詞はいろいろありますが、たとえば「帽子を…」とあったら動詞は「かぶる」、「眼鏡を…」なら「かける」、「マスクを…」なら「する / つける」というふうに名詞に対して使う動詞が決まっています。こうした**単語と単語の慣用的な相性のことを「コロケーション」**(collocation) といいます (「連語」という場合もあります)

　英語でも単語によってコロケーションがあります。道路が混雑し

ている様子を表現する場合、a busy street とはいっても a heavy street とはいいません。逆に、heavy traffic とはいっても、busy traffic とはいいません。こうしたコロケーションを意識するのは外国語の学習上とても重要なことです。

8　内容語と機能語

次の2つの文の太字の単語の意味は何でしょう。

(a) He told me **that** he had never been to Okinawa.
（彼は私に沖縄に行ったことがないと話してくれた）
(b) A new subway is **being** built in Sendai.
（新しい地下鉄が仙台に建設中だ）

実は that にも being にもその単語自身には意味がありません。では、意味がないから重要ではないかというとそんなことはなく、that は接続詞として名詞節をまとめ、また、being は受け身の進行形を作るという、それぞれ大切な役割をしています。このように、具体的な意味は薄く、文を組み立てる上で重要な役割をする語を「**機能語**」といい、それに対して具体的な意味のある語を「**内容語**」といいます。それぞれには次のような特徴があります。

	主な品詞	一般的な特徴
内容語	名詞、形容詞、副詞、動詞	① 時代と共に新しい語が生まれ、どんどん数が増えていく ② アクセントが置かれて強く発音される
機能語	前置詞、接続詞、代名詞、接続詞、助動詞	① 単語の種類が固定されていて数がほとんど増えない ② アクセントが置かれず弱く発音される

9　イディオム

次の文の太字の部分の意味を答えてください。

(a) There were **a few** tourists there.
(b) There were **quite a few** tourists there.

(a)は a few はもちろん「少ない」の意味で「そこには少数の旅行客がいた」です。(b)の quite a few は、quite（まったく）＋ a few（少数の）＝ quite a few（まったく少数の）という意味になりそうですが、実際には正反対の「非常に多くの」の意味で、文全体は「そこには非常に多くの旅行客がいた」の意味です。

「**イディオム**」とか「**熟語**」と呼ばれているものの本来の定義は、このように「使われている単語の意味を合わせた意味にならない慣用句」です。ただ、一般的には、慣用句、もっと平たくいうと「決まり文句」のことを広くイディオムとか熟語と呼んでしまっている場合が多いようです。ですから、**to a great extent**（かなりの程度まで）とか、**pay attention**（注意を払う）のように「それって、ほぼ直訳どおりの意味じゃないか」と思えるようなものもイディオムに含める場合があります。

第8章

発音と文字・記号

英語がコミュニケーションの手段である以上、英語学習において「発音」に関する学習は避けて通れないものです。やみくもにただ英語を聞き流しているだけではリスニング力はつきませんし、知らない単語は意味だけでなく正しい発音を覚えなければなりません。辞書を引けば単語には必ず発音記号が書いてあります。しかし、その発音記号の読み方がわからない、さらにその読み方を調べようと解説を読んでも、そこに出てくる用語がまたわからない...といった状況に出会うことはありがちです。

そこで、本書は「英文法」の本ではありますが、皆さんの英語学習をトータルにサポートするため、発音関係の話をまとめて1章を設けることにしました。

8-1 発音関係

1 発音記号

「**発音記号**」とは、辞書の見出し語のすぐ後に、たいてい [ ]（square brackets）とか / /（slashes）という記号の間に書かれているæとかəのような、単語の発音を示す記号のことで、正式にはIPA（アイピーエー: International Phonetic Alphabet（国際音標文字）の頭文字）といいます。この IPA は専門書などで使われる場合はほぼ統一されているのですが、一般の学習書や辞書では、使われる文字がその本ごとに若干違う場合があります。たとえば、fire（火）という語の発音記号を調べてみると、

① 辞書 A：/fáɪə | fáɪə/　　　② 辞書 B：/fáiər/

となっています。まず、①と②でアルファベットの I（アイ）の字体が違うことに気づきましたか？　また、語末にある記号が①では /ə/ と書いてあるのに、②では /ər/ となっています。（☞ p.208）　こうした記号は、その辞書のどこかに必ず説明（凡例）が載っているはずですから、読めない文字が出てきたらその都度確認してください。

たいていの発音記号はふつうのアルファベットと同じ文字を使っていますが、中には見慣れないものがいくつかありますね。それらをちょっと確認しておきましょう。

発音記号	記号の名前	発音	表す音
æ	ash	/æʃ/	アとエの中間の音
ə	schwa	/ʃwάː/	※詳細は下記
ɚ	hooked schwa	/hʊkt ʃwάː/	※詳細は下記
ɔ	open O		口を大きく開いた「オ」
ʌ	turned V		日本語の「ア」とほぼ同じ音
ŋ	eng	/έŋ/	
ʃ	esh	/έʃ/	
ʒ	ezh	/έʒ/	
ð	edh [eth]	/έð/	th の有声音（濁った音）
θ	theta	/θíːtə/	th の無声音
j	yod	/júd, jɔ́ːd/	日本語のヤ行の子音を表す
ː	lengthening mark		※詳細は下記

この中で注意すべきものを少し説明をしておきましょう。

小文字の e が逆さまになった記号 ə は「**シュワー**」と呼ばれますが、この記号は決まった音を表しません。単語の綴り字の中で、この記号の該当するところにある文字を弱くあいまいにあまり口を開けずに発音した音、くらいに考えてください。（なのでこのシュワーの表す音を「**曖昧母音**」と呼ぶこともあります）　たとえば、visit の発音記号は /vízət/ ですが、ə の文字に対応する綴りは i ですから、「イ」を弱くあいまいに発音すればいいのです。

以前、「ə の文字は『ア』を弱くあいまいに発音する」と勘違いしていると思われる人（日本人）がいました。その人は、possible /pάsəbl/ を「ポッサブル」のように、また participate /pɑɚtísəpèit/ を「パーティサペイト」のように発音していました。どちらも ə に対応する位置にある綴り字は i ですから、日本語の「イ」を弱くあ

いまいに発音して「ポッスィブル」「パーティスィペイト」のように、どちらかというと「イ」に近い音で発音した方がいいのです。

　もちろん例外もあります。today/tədéi/ という語の /ə/ に対応する文字は o だから「トデイ」に近い音かというと、そうではありません。この単語は元々 to day と 2 つの単語が 1 つになってできた語なので、to の部分は前置詞の to の発音を引き継いで、「トゥー」を弱く短くあいまいに発音して「トゥデイ」に近い発音で OK です。(/tʊdéi/ という発音記号を載せている辞書もあります)

　それから上の表で ə の記号の 1 つ下に、ɚ という記号がありますね。これは日本語では「**かぎ付きシュワー**」と呼ばれています。この記号の右側のヒゲのような部分は元々小文字の r を表していて、ə の記号の右上に r の文字を足してできたものです。

　たとえば、car という単語の米語の発音を調べると、辞書によって /kɑːr/ と書いてあるものと、/kɑɚː/　と書いてあるものがあります。もちろんどちらも同じ「カー」という音を表しているのですが、最初の書き方だと「カー」という音の後に、独立した r の文字が添えられているように見え、「カール」のように最後に子音の r があると誤解される可能性があります。もちろんこの r は主にアメリカ英語で聞かれるそり舌音（舌を後ろにそらして発音する音）を示し、前の ɑː の部分と一体化しているのであって、/ɑː/ と /r/ という 2 つの音からできているわけではありません。そこで、その r という発音記号を前の音と分けて書くのはマズイということで、ə という記号と r という記号を合体させた ɚ という記号を使って 1 つの音であることを表そうとしているわけです。でもこの記号、確かに見た目はちょっと専門的な感じがしますね。なにしろ、この ɚ を英和辞典の発音記号に採用したある出版社に、高校の先生から「おまえのところで出している英和辞典の発音記号の活字が汚れているぞ！」と指摘の電話がかかってきた、というウソのようなホントの話もあるくらいですから…。

　表のいちばん最後にある /ː/ は注意が必要です。日本語では「長

音符」と呼ばれていて、その字のとおり「長い音」を表すときに使います。ただし、この「長い」がくせものです。以下の2組の語を見てください。

live /lɪv/（生きる）　—　leave /liːv/（離れる）
pull /pʊl/（引っ張る）　—　pool /puːl/（プール）

左側の短い /i/ や /u/ の音をそのまま長く伸ばしたら右側の /iː/ や /uː/ の音になると思ったら大間違いで、この2つは音色も音質もまったく違う全然別の音です。ただし、発音記号上は左側の /i/ や /u/ の音に /ː/ がついているだけですから、そういう誤解を招きやすいのも事実です。そこで、誤解を防ぐ意味も含め、多くの辞書では、短い方の音にわざと /i/ や /u/ とは違う /ɪ/ とか /ʊ/ という記号を使って「別の音ですよ」ということを示そうとしています。

それから、上の表にはありませんが、g の文字の話もついでにしておきましょう。G の小文字には、ɡ という文字と g という文字の2種類があります。実は IPA では厳密には ɡ の方を使うことになっているそうです。ただ、一般書に載っている発音記号でこの2つの文字のどちらを使うのかは、出版社が好みで使い分けているようですので、gag が /ɡæɡ/ と書いてあったり /ɡæɡ/ と書いてあったりしますが、どちらも同じ、日本語の「ガ行」の子音を表しています。

さて、この2つの文字にも（区別するために）名前があります。

ɡ の呼び名	g の呼び名
single-storey (lowercase) g または opentail g	double-storey (lowercase) g または looptail g

single-storey は「1階建ての」、double-storey は「2階建ての」の意味ですが、視覚的で面白いネーミングですね。lowercase というのは「小文字（の）」という意味です。opentail は「しっぽの部分が開いている［閉じていない］」looptail は「ループ状になったしっ

209

2 母音、子音、半母音

　日本語のアイウエオを発音すると、音が口の中のどこにも邪魔されないで出てきますね。こうして出された音を「**母音**」といいます。（読み方は「ぼいん」ですよ。「ぼおん」と読まないように！）

　ところが「マ」をいおうとすると、唇が閉じて息がいったんブロックされます。また「ス」というと、舌と口のすき間が狭くなって擦れたような音になります。こういうふうに、口のどこかに邪魔されて出てくる音が「**子音**」です。もっとざっくりいえば、「母音（アイウエオ）以外は子音」と思ってもらっても結構です。

　「じゃあ、カキクケコは『子音』ですね」と思わないでください。「カ」は /k/ と /a/ という2つの音からできています。/k/ が子音の部分で /a/ が母音の部分です。

　母音は、さらに細かく分けると、短母音、長母音、二重母音、三重母音などの種類がありますが、ここでは「**二重母音**」についてだけ説明しておきます。（それ以外については、辞書の付録などに載っている発音解説などを参考にしてください）

　二重母音は、その名のとおり、2つの母音が連続している、

bike /baik/ の /ai/
down /daun/ の /au/
cake /keik/ の /ei/
boil /bɔil/ の /ɔi/
no /nou/ の /ou/

などです。これらはすべて、強く発音された1つ目の母音の後に2つ目の母音が軽く添えられるように発音され、全体が1つの母音だとみなされます。途中で切ることはできません。

　ところで、日本語の「わ」/wa/ の /w/ という音は母音でしょう

210

か？　子音でしょうか？　発音するとき唇をすぼめますが、音が唇で邪魔されているというほどではありません。かといって純粋な母音に分類するにはちょっと抵抗があります。そこで、このような、母音と子音の間に位置する子音（＝子音だが音の響きが母音のような性質を持つ音）を「**半母音**」と呼びます。/w/ の他に、ヤ行の /j/ の音は、舌が上あごに触っているかどうかギリギリ（子音と呼ぶにはちょっと ...）なので半母音に分類されます。

どんな音が半母音に分類されるのかは言語によって違いますが、英語で半母音に分類されるのは、上にあげた次の2つです。

/j/ ヤ行の子音　　/w/ ワ行の子音

ただし、アメリカ英語のそり舌音の /r/（☞ p.208）も舌がどこにも触れずに発音されるので、半母音に分類される場合があります。

3　有声音と無声音

手をのどにあてて次の単語を発音してみてください。

K（ケイ）　と　gay（ゲイ）
C（スィー）と　Z（ズィー）
T（ティー）と　D（ディー）
P（ピー）　と　B（ビー）

いかがでしょうか？　右側の単語を発音したとき、単語の最初のところで手に声帯の振動が伝わりませんでしたか。このように声帯を震わせて出す音が「**有声音**」で、声帯が震えない音が「**無声音**」です。ちょっと発音記号で整理してみましょう。

無声音	k, s, t, p, f, tʃ, ʃ, θ, h
有声音	g, z, d, b, v, dʒ, ð, j, l, m, n, r, w ＋ すべての母音

日本語で書いて「゛」がつく濁音は「有声音」...のように、日本語

と英語で対応していればいいのですが、残念ながらそうではありません。「ガ行」や「ザ行」の子音が有声音というのはわかると思いますが、/l/（エル）とか /w/ の音は、有声音でも、のどに手をあててみても振動がわかりづらいかもしれません。先ほど説明した半母音は分類上はすべて有声音です。

4　黙字

「**黙字**」とは「**スペリングにあるのに発音しない字**」のことで、たとえば、以下の単語の下線部の文字が黙字です。

recei<u>p</u>t（レシート）　　　/rɪsíːt/
<u>p</u>sychology（心理学）　　/saɪkɑ́lədʒi/
s<u>w</u>ord（刀）　　　　　　　/sɔ́ːrd/

こうした文字は本来は発音されていましたが、長い時を経て発音されなくなりました。ただ、発音されたりされなかったり、というケースもあります。以前は、forehead（額）という単語の h は黙字で発音は「フォーヘッド」ではなくて「フォリッド」だと教えられましたが、最近ではまた h を読む「フォーヘッド」という発音が主流になりつつあるようですし、often の t を発音して「オフトゥン」と発音する人が増えているそうです。

ではちょっとクイズを出しましょう。次の単語を正しく発音してください。解答は…それは読者の皆さんに各自辞書を引いて調べてもらうことにしましょう。（全部できた人は立派です！）

(a) cupboard（戸棚）
(b) indict（起訴する）
(c) phthisis（肺結核）
(d) victual（食物）
(e) halfpence（半ペニー（銅貨）の複数形）

5 音節

Japan という単語を辞書で引くと、Ja-pan のように、途中に - という記号があるはずです。これは、その言葉を母語とする人が、単語の中で音の切れ目だと感じる場所を示していて、Ja-pan は2つの音のカタマリからできていると感じるのです。この音のカタマリのことを「**音節**」といいます。「Japan は2音節語だ」とか「Japan は2つの音節からなる」のように述べることができます。

なお、この音節は、実際の発音だけから決まるのではなく、単語の語源など、さまざまな要因がからんで決定されます。たとえば、次はどちらも発音は同じ /lésn/ ですが、切れ目の位置が違いますね。

les-son（授業）　　less-en（減らす）

ある単語の音節の数は、たいてい母音の数と一致します。ただし、母音を表す文字ではなく実際に発音される母音の数です。たとえば、blouse（ブラウス）という語の中に、母音を表す文字は o, u, e と3つありますが、実際の発音は /bláus/ で /au/ は途中で切れない二重母音なので母音は1つとみなし、これは1音節語です。では母音の数と音節の数が常に一致するかというと、必ずしもそうではありません。たとえば、has の否定形 hasn't は何音節でしょう？　発音記号は /hǽznt/ で母音は /æ/ という音1つしかありませんが、2音節語で、辞書には has-n't と書かれています。

6 アクセント

「**アクセント**」という用語は「この単語はここにアクセントがある」というふうに、**単語の中のどの母音を強く読むかを示す語**で、たとえば、「pattern /pǽtən/ は第1音節にアクセントがある」のようにいいます。（アクセントは「**強勢**」ともいうので「第1音節に強勢がある」とも）　**アクセントは必ず母音の上に置かれます。**子音

の上にはアクセントは来ません。

　ただし、単語が長くなる（音節の数が増える）と、1つの単語の中にアクセントのある母音が複数ある場合があります。その場合、最も強く発音する母音には「**第1アクセント（第1強勢）**」があるといい、2番目に強く発音する母音に「**第2アクセント（第2強勢）**」がある、という言い方をします。そして、これらのアクセントの位置を発音記号に添えるときは、第1アクセントは /ˊ/、第2アクセントは /ˋ/ という印を母音の上に添えるのが一般的です。（ただし辞書によっては、1音節の語のアクセント記号は省略している場合もあります）　たとえば、a-pol-o-gize（謝罪する）の発音記号を見ると、/əpάlədʒàiz/ とありますから、「第2音節に第1アクセントがあり、第4音節（または最後の音節）に第2アクセントがある」ということになります。**音節の第1、第2は単語の前から数えますが、アクセントの第1、第2は強く読む順に数える**のでややこしいですね。

　ちなみに、英語で accent という語は、方言による発音の差（癖、訛り）の意味でも使います。He speaks with a German accent. といえば、「彼はドイツ語訛りの英語を話す」という意味です。

　なお、このアクセント（強勢）という用語は、文の中でどの単語が強く発音されるのか、という場合にも使います。たとえば、

" Where did you buy it? "

という文は、すべての単語を同じ強さでいうわけではありません。一般的には内容語（☞ p.203）に強勢を置き、機能語には強勢は置きませんので、" *Where* did you *buy* it? " のようにイタリックの語を強く発音します。このように文の中での強勢のことを「**文強勢**」とか「**文アクセント**」と呼びます。

7 弱形と強形

英和辞典で him を引くと、/(h)im, him/ のように2種類の発音が書いてあります。この2つは、**その単語を弱く読んだ（強勢が置かれていない）場合と強く読んだ（強勢が置かれた）場合の発音**を表しています。前者を「**弱形**」、後者を「**強形**」といいます。この強形、弱形の区別はセンター試験でも出題されたことがあります。

【問】下線部について、発音がほかの3つと異なるものを、①〜④のうちから1つ選べ。　　　　　　　　　　（2001年本試験）

① No one would dream of there being such a marvelous place.
② Once there lived a beautiful princess in the palace.
③ The man standing over there is my father.
④ There seems to be no need to worry about that.

---

there の発音を辞書で調べると /ðéər, 《弱》ðər/ と強形と弱形が書いてあります。上の①②④の there はすべて there is ...（...がある）という構文で使われていて、there に意味がなく、there は弱形で発音されます。ところが③の there だけは「そこに」という場所の意味があり、発音するときは強形で発音されます。したがって③が正解です。

8 イントネーション

「**イントネーション**」とは話しているときの声の上り下がりのことで、「**抑揚**」ともいいます。イントネーションは話し手の感情や文脈などによって大きく変わりますから、ある単語や文が必ず決まったイントネーションで発音されるわけではありません。

ちなみに中国語では、同じ mai という発音でも、「買う」という意味の「买」は第三声で mǎi、「売る」という意味の「卖」は第四声で mài、のように1つの音節の中で音が上がったり下がったり（四声）しますが、あのように音の高さが単語の意味を変えてしまう場合は、イントネーションとはいわず、「**声調**」と呼びます。

9　リエゾン

「リエゾン」という言葉を私が初めて聞いたのは、大学生のとき第2外国語として選択したフランス語の授業でした。しかし後に、これはフランス語特有の現象ではなく、英語でも、たとえば、" wake him up "を「ウェイク・ヒム・アップ」ではなく、「ウェイキマップ」のようにつなげて発音する場合に、リエゾンという用語を使うことがわかりました。ですから、**リエゾンとは、ある単語の最後の音と次の単語の最初の音がつながって発音される現象**だと理解しておけばいいと思います。

余談ですが、大学3年のとき朝鮮語の授業で、このリエゾンという用語がフランス語や英語とはまた別の意味で使われていることを知りました。朝鮮語では「16」にあたる「십육」という単語は、1つ目の文字が「シップ (ship)」、2つ目の文字が「ユック (yuk)」です。ところが続けて発音すると「シップ」と「ユ」の間に n の音が入り、それによって後の「ユ」が「ニュ」になって「シムニュック (shimnyuk)」と発音されます。この n 音が挿入される現象を朝鮮語ではリエゾンと呼ぶ...と最初は習ったのですが、英語と同じように単語をつなげて発音することをリエゾンと呼んでいる本もあり、どうやら朝鮮語の文法にもいろいろな派があり、同じ「リエゾン」という用語でも定義に差があることがわかりました。

10 発音の法則

いわゆる「発音・アクセント」の学習をしていると、「語尾が -ate で終わる動詞はその2音節前にアクセントがある」のようなルールに出会うことがあります。こうしたルールは個々に覚えるしかありませんし、しかも結構例外も多いのが実情です。ところが少しでもこうした規則を覚えやすくするためでしょうか、次のような法則(?)めいた用語に出会うことがありますので、ここではそれを紹介しておきます。

① 名前動後

同じ綴りの単語で、名詞で使われる場合は前に、動詞の場合には後ろにアクセントが置かれるものがあります。たとえば、次の2語です。

	名詞	動詞
progress	「進歩」/ prá(:)grəs /	「進歩する」/ prəgrés /
record	「記録」/ rékəd /	「記録する」/ rikɔ́:d /

このような「名詞→前、動詞→後」というアクセントの位置の傾向を覚えるのに使われるのが「**名前動後**」という用語です。

ところが、これは「そういう傾向の語が比較的多い」というだけで、規則でもなんでもなく、例外もたくさんあります。たとえば、damage という単語は、名詞の「損害」のときも、動詞の「損害を与える」のときも、アクセントはどちらも /dǽmidʒ/ です。やはりアクセントの位置は一つ一つ辞書で確認する癖をつけたいですね。

② 三味線語尾

そもそも三味線なんていう楽器が登場する時点で、発想が日本的ですが、これは次のようなアクセントのルールを覚えるために日本人が考え出した命名のようです。

第8章 発音と文字・記号

「最後が、-cian, -tion, -gion, -sion で終わる語はその直前にアクセントがある」

【例】musician /mjuːzíʃ(ə)n/　　　ミュージシャン
　　　decoration /dèkəréiʃ(ə)n/　飾り付け
　　　suggestion /səgdʒéstʃ(ə)n/　提案
　　　religion /rilídʒ(ə)n/　　　宗教
　　　percussion /pəːkʌ́ʃ(ə)n/　　打楽器

この語尾の「シャン」「ション」「ジョン」「チョン」のような音が、三味線をバチではじいたときの音に似ているから…というのが命名の由来のようです。英語にはこうした語尾の単語が相当多いので、こんなルールを知らなくても自然に発音できるのが理想です。でも、いちばん上にあえてあげた musician という語を日本語の影響で誤って「ミュー」の部分を強く発音する日本人は少なくありません。カタカナ語は英語の綴りを見れば意味が想像できてしまうので、発音を辞書で調べない人が多いのですが、元となった英語とアクセントが違う語もたくさんあるので注意しましょう。

8-2 文字と記号

1 記号の名称

英語の辞書や参考書に使われているさまざまな記号や略号の中で比較的よく目にするものを整理しておきましょう。

まずは品詞とその関連語を表す記号から。

記号	略さない形	意味
n	noun	名詞
adj	adjective	形容詞
adv	adverb	副詞
v	verb	動詞
vt	transitive verb	他動詞
vi	intransitive verb	自動詞
p.p.	past participle	過去分詞
prep	preposition	前置詞

次は語句の働きを表す記号です。

記号	略さない形	意味
S	subject	主語
V	verb	(述語)動詞
P	predicate verb	述語動詞
O	object	目的語
C	complement	補語
M	modifier	修飾語(句)

その他、参考書、文法書で見かける可能性のある記号

記号	英語の名称	日本語の名称、用法、注意事項
.	period, full stop	ピリオド、終止符
,	comma	カンマ、コンマ
?	question mark	疑問符、クエスチョンマーク
!	exclamation mark	感嘆符、エクスクラメーションマーク
-	hyphen	ハイフン
—	dash	ダッシュ
〜	swung dash	スワングダッシュ
/	slash	スラッシュ
:	colon	コロン
;	semi colon	セミコロン
&	ampersand	and を表す記号
<	arrowhead	派生関係を示す
*	asterisk	星印、アステリスク、文法的に誤った文につける。[注1]
#	pound sign hash mark number sign	日本では「シャープ」というが、欧米では sharp といっても通じない。
^	caret	文字が抜けている場合、挿入の位置を示す。校正などで使われる。
" "	double quotations	(二重) 引用符
' '	single quotations	(単一) 引用符
'	apostrophe	アポストロフィ[注2]
( )	parentheses	丸括弧
[ ]	brackets	四角括弧
cf.	読み方は CF (シーエフ) または confer	ラテン語の confer の省略形で「参照せよ」「比較せよ」の意味

【注1】 文法的に正しい文と誤った文を並べて示す場合、日本では一般的に○と×が使われます。

○ We discussed the matter.
× We discussed about the matter.

ところが欧米では、このような場合、以下のように正しい文には✓というマークを使うことがあります。（何も書かない場合もあります）　この記号は check mark とか tick と呼ばれます。

✓ We discussed the matter.
× We discussed about the matter.

また、文法的に不適切な文（**非文**）を示す場合、上のように×（cross mark）をつけたり、専門書などではよく＊（アステリスク）の記号をつけて表すことが多いようです。

【注2】 アポストロフィというと、名詞の所有格を表す「アポストロフィ s」を思い浮かべる人が多いと思いますが、2つの単語を縮めて、He is → He's とか I have → I've のように書くときに使うあの記号もそうです。（このように縮めた形を「短縮形」とか「縮約形」と呼びます）

さて、こうした記号は、たいていどの本でも「はじめに」とか折り返しの部分に解説や一覧表が載っています。（きちんと読まない人が多いのですが...）　特に、その本独自の記号や独自の省略方法を使っている場合は注意が必要です。

以前、学生が「英英辞典の定義文の中に調べてもわからない単語がある」といって質問にきました。見ると、そこには次のように書かれていました。

provide sb (with sth) ＝ to give sth to sb

「ひょっとして君がわからないのは、この sth とか sb のこと？」
「はい、そうです。この単語、どういう意味ですか？」

これは、英英辞典のスペースの節約のための工夫で、**sth は something** の、そして **sb は somebody の省略形**です。（こういう略号も辞書のどこかに必ず説明が載っているはずです）　英和辞典や文法の参考書でも、動詞の語法を示すのに、

provide ⟨人⟩ with ⟨物⟩「⟨人⟩に⟨物⟩を提供する」

のように書いてありますね。あの⟨人⟩や⟨物⟩に相当する記号だと考えておけばいいでしょう。

上の表にあげた記号のうち、文を区切る記号（ピリオド、セミコロン、コロン、カンマ、ハイフンなど）を「**句読点**」、その使い方のことを、「**句読法**」または「**パンクチュエーション**」といいます。

2　書体・フォントの名称

ABCDEFG	capital letters	大文字
abcdefg	small letters	小文字
ABCDEFG	small capitals	スモールキャピタル（小文字と同じ高さの大文字）
ABCDEFG *abcdefg*	italic	イタリック：斜体字。斜めに傾いている文字
ABCDEFG **abcdefg**	bold	ボールド：太字
fi, fl, ffi	ligature	合字

最後にある合字とは、活字の幅を調整するために、最初から2文字または3文字がくっついている字体のことです。

索引

あ行

曖昧母音 207
アクセント 213
アステリスク 221
アスペクト 143
意志未来 144, 145
1人称 056
一致 196
一般疑問文 132
一般動詞 085
イディオム 204
意味上の主語 077, 105
イントネーション 215
受け身 038, 043
婉曲的 092
音節 213

か行

かかる 025, 026
かぎ付きシュワー 208
格 072
過去完了(形) 155
過去分詞(形) 083
可算名詞 046
数えられる名詞 046
数えられない名詞 046
活用形 083
活用する 083
仮定法 159
仮定法過去完了(形) 163
仮定法過去(形) 163
仮定法現在 165
仮定法未来 164
仮主語 077
仮目的語 078
感覚動詞 089
関係形容詞 170, 178
関係詞 168
関係詞連鎖 175
関係代名詞 071, 170

関係副詞 170
冠詞 059
間接疑問文 138
間接目的語 034
間接話法 190
完全自動詞 037
完全他動詞 037
完全(な)文 035
感嘆文 131, 134
間投詞 135
完了形 153, 154
完了形動名詞 158
完了形不定詞 156
完了形分詞構文 109
完了進行形 154
帰結節 161
記号 219
擬似関係代名詞 179
擬似補語 026
基数 061
規則変化 083
機能語 203
疑問形容詞 136
疑問詞 136
疑問代名詞 071, 136
疑問副詞 136
疑問文 131
疑問文と同じ語順の倒置 188
旧情報 044
強意用法 076
強形 215
強勢 213
強制消去 195
強調構文 192
句 116
空所化 196
クジラ(の)公式［構文］ 065
句動詞 089
句読点 222
句読法 222
群接続詞 122

索引

群前置詞 115
形式主語 077
形式目的語 078
継続用法 173
形容詞句 117
形容詞節 128, 168
決定詞 060
原級 063
原形 083
原形不定詞 098
現在完了(形) 154
現在完了進行形 153
現在形 083
現在時制 143
現在分詞 095
限定詞 060
限定用法 058, 173
肯定文 130
後方照応の it 078
呼応 196
語幹 200
語源 201
語根 200
語否定 186
五文型 022
固有名詞 049
コロケーション 202
混文 127

さ行

再帰代名詞 071, 075
再帰用法 076
最上級 063
三単現の s 084
3人称 056
子音 210
使役動詞 087
指示形容詞 060
指示代名詞 071
時制 142
時制の一致 145
自動詞 030, 036
弱形 215
三味線語尾 217

自由関係詞 169
自由間接話法 191
従位接続詞 121
集合名詞 049
修辞疑問文 133
修飾語句 035
修飾する 025, 026, 058
修飾要素 035
従属節 123
従属接続詞 121
衆多名詞 050
従節 123
重文 126
主格 073
主格補語 025
主格を表す of 074
熟語 204
縮約形 221
主語 018, 035
主語とイコール関係 027, 076
主語と述語の関係 112
述語動詞 018, 035
述語動詞を否定 185
述部 018
受動態 038, 043
主部 018
主節 123
主文 108
授与動詞 037
シュワー 207
準(主格)補語 026
準助動詞 093
準動詞 094
準否定 187
準否定語 187
条件節 161
状態動詞 085
譲歩 192
省略 194
叙実法 159
叙述用法 058
序数 062
叙想法 159
書体 222

助動詞 091
所有格 060, 073
所有形容詞 073, 177
所有代名詞 071, 072
真主語 077
新情報 044
数詞 061
数量形容詞 060
制限用法 173
声調 216
節 116
接触節 172
接続副詞 068
絶対最上級 064
絶対比較級 064
接頭辞 199
接尾辞 199
ゼロ冠詞 059
先行詞 168
先行詞を含んだ関係副詞 172
全体否定 184
選択疑問文 132
前置詞 114
前置詞句 119
前置詞の目的語 114
前置詞＋名詞 028
全否定 184
前方照応の it 078
相 143
相関語句 121
相関接続詞 121
相互代名詞 071
相互複数 048
総称 060
総称の the 060
相当語句 129

た行

態 038
第1アクセント［強勢］214
第1文型 036
大過去 156
第5文型 036
第3文型 036
代動詞 086
第2アクセント［強勢］214
第2文型 036
態の転換 039
代不定詞 101
代名詞 071
第4文型 036
多義語 202
他動詞 030, 036
タフ構文 080
短縮形 221
単純未来 144
単数形 047
単複同形 048
単文 126
談話標識 198
知覚動詞 089
チャンク 117
中間構文 041
中間態 041
抽象名詞 049
直接目的語 034
直説法 159
直接話法 190
定冠詞 059
ディスコースマーカー 198
天候の it 018, 078
伝達動詞 190
転用接続詞 122
等位接続詞 120
同音異義語 202
同音異綴語 202
同格 050
同格名詞節 051
動作主 038
動作動詞 085
動詞 018, 082
動詞句 090
同族目的語 034
倒置 188
同等比較 063
動名詞 095
動名詞の完了形 158
時や条件を表す副詞節 147

索引

独立所有格 071
独立不定詞 103
独立分詞構文 110
とる 033

な行

内容語 203
二重限定 176
二重所有格 061
二重制限 176
二重前置詞 115
二重否定 185
二重母音 210
二重目的語 034
2人称 056
任意消去 195
人称 056
人称代名詞 071, 072
ネクサス 112
能動受動態 041
能動態 038

は行

派生語 200
働き 015
発音記号 206
パンクチュエーション 222
半母音 211
比較級 063
非限定用法 173
非制限用法 173
否定疑問文 132
否定文 130
被伝達部 190
非人称の it 079
非文 221
描出話法 191
品詞 012
頻度を表す副詞 085
フォント 222
付加疑問文 132
不可算名詞 046
不完全自動詞 037
不完全他動詞 037

不完全(な)文 035
不規則変化 083
複合関係詞 181
複合関係代名詞 181
複合関係副詞 181
複合語 201
副詞 067
副詞句 117
副詞節 128, 147
副詞的に訳す 021
副詞的目的格 070
複数形 047
複文 126
付帯状況 110
付帯状況の with 111
普通名詞 049
物質名詞 049
物主構文 020
不定冠詞 059
不定詞 097
不定詞句 119
不定詞の完了形 156
不定詞の独立用法 104
不定詞の○○用法 098
不定代名詞 071, 075
部分否定 184
不変の真理 147
普遍の真理 147
文 131
文アクセント 214
文強勢 214
文型 022
分詞形容詞 107
分詞構文 108
分詞構文の完了形 109
文修飾副詞 069
文の主要素 035
文否定 186
文末焦点 044
分離複合語 201
分離［分割］不定詞 102
分裂文 192
平叙文 130
母音 210

母音字 059
法 159
法助動詞 091
補語 024, 035
保留目的語 042
本動詞 092

ま行

未来完了 156
未来志向 101
無冠詞 059
無声音 211
無生物主語構文 020
名詞化 053
名詞句 117
名詞節 128, 149
名詞相当語句 019
名詞の働き 096
名前動後 217
命令文 131, 134
命令法 159
メガフェップス 101
黙字 212
目的格 073
目的格補語 025
目的格を表す of 074
目的語 027, 035
目的補語 025
物の用途を表す -ing 形 097

や・ら・わ行

有声音 211
優勢比較 063
要素 129
抑揚 215

ラテン比較級 065
リエゾン 216
略号 219
歴史的現在 144
劣勢比較 063
劣等比較 063
連語 202
連鎖関係詞節 175
連続用法 173
話法 190
話法の転換 190

アルファベット

be to 不定詞 104
be 動詞 085
cross mark 221
-ing 形 095
IPA 206
M 035
of ＋所有代名詞 061
p.p. 083
should ＋原形 166
S′ P′ 112
SV 036
SVC 036
SVO 036
SVOC 036
SVOO 036
to have ＋ p.p. 156
tough 構文 080
to 不定詞 098
wh 疑問文 132
Yes/No 疑問文 132
zero degrees 198

参考文献

「コンサイス英文法辞典」(1996) 三省堂
「英語学用語辞典」(1999) 三省堂
「岩波ジュニア新書 英語発音に強くなる」(1991) 岩波書店

■著者紹介

田上　芳彦（たがみ・よしひこ）
山梨県甲府市出身。東京外国語大学外国語学部英米語学科卒業。
NEC（日本電気）海外グループに5年半勤務した後、母校でもある駿台予備学校英語科講師となる。
主な著書に、『基礎徹底 そこが知りたい英文法』（共著）、『「読む」ための英文法』（以上、駿台文庫）、『英文法用語がわかる本』『読解のための上級英文法』（以上、研究社）、『トピック別 英文ライティングフレーズ集＋』『英文法「例外」の底力』』（以上、プレイス）など多数。また『ウィズダム英和辞典』（三省堂）の編集委員も務める。

英文法用語の底力
—— 用語の誤解を解けば英語は伸びる

2015年3月30日　初版発行　　　　　　2024年9月20日　三刷発行

著　者	田　上　芳　彦
発行者	山　内　昭　夫
発　行	有限会社 プレイス
	〒112-0006 東京都文京区小日向4-6-3-603
	電話　03（6912）1600
	URL　http://www.place-inc.net/
印刷・製本	シナノ印刷株式会社

カバーデザイン・イラスト／パント大吉（オフィスパント）
©Yoshihiko Tagami / 2015 Printed in Japan
ISBN 978-4-903738-34-5
定価はカバーに表示してあります。乱丁本・落丁本はお取替いたします。